别说你会讲故事

[澳] 山姆·考索恩（Sam Cawthorn）著 / 徐娟 译

中信出版集团 | 北京

图书在版编目（CIP）数据

别说你会讲故事 /（澳）山姆 · 考索恩著 ; 徐娟译
. -- 北京 : 中信出版社, 2020.5

书名原文: Storyshowing：How to stand out from
the storytellers

ISBN 978-7-5217-1620-7

Ⅰ. ①别… Ⅱ. ①山… ②徐… Ⅲ. ①语言表达—通
俗读物 Ⅳ. ①H0-49

中国版本图书馆 CIP 数据核字 (2020) 第 032422 号

别说你会讲故事

著　　者：[澳] 山姆 · 考索恩
译　　者：徐娟
出版发行：中信出版集团股份有限公司
（北京市朝阳区惠新东街甲 4 号富盛大厦 2 座　邮编　100029）
承 印 者：北京通州皇家印刷厂

开　　本：880mm × 1230mm　1/32　　印　　张：5.5　　字　　数：120 千字
版　　次：2020 年 5 月第 1 版　　印　　次：2020 年 5 月第 1 次印刷
京权图字：01-2019-5370　　广告经营许可证：京朝工商广字第 8087 号
书　　号：ISBN 978-7-5217-1620-7
定　　价：48.00 元

·目录·

引言

“我早就跟你说过吧！”

一个了不起的故事讲述者往往能给人以启迪，但是启迪不一定会产生行动，这就是为什么是时候停止讲述你的故事了。别再一个劲儿地说：听我说。

让你的故事展示你的感受、你的经历以及你可以为他人所做的所有事情。开始说：嘿，来看看我展示的这个故事吧！

我们每个人都有自己的价值观，这让我们与世界上其他人都不相同，而不同之处就是我们自己的故事。没有人拥有你的经历、你的感受和你的信仰，它们都是独一无二的。我在 2006 年开始分享我的故事时意识到了这一点。我发现我的故事具有价值，可以激励他人。其实，每个人、每个公司和组织，甚至每个产品和想法，都有自己独特的宝贵故事。

这一观念并不新奇。我们早就知道一个道理，无论我们是销售还是营销，是政治家还是演讲者，故事都应该是我们沟通策略中的关键因素。为了激励我们的听众和潜在客户，触发他们采取行动，我们需要成为优秀的故事讲述者。

然而，如果你真的想说服你的听众——作为经理或领导者，你真的想激励你的团队；抑或你真的想改变别人对某个观点的看法，你就不能止步于单纯地讲述故事。

“讲述”给人的感觉就是“我才不关心你的想法或感受，我只是想告诉你我所知道的而已”。根据澳洲权威词典《麦考瑞词典》的解释，“讲述”意味着“告知、宣传或宣布、通知或评估”。讲述并不是一种行动呼吁，也并非一种有效的经验分享方式。当你讲述故事时，你希望别人能够倾听，但是别人又获得了什么回报呢？这中间的联系在哪里呢？

每年有超过 4 万人在现场听过我的故事，有上亿人通过社交媒体了解了我的经历。然而，你可能不知道，我的第一次故事分享差点儿就成了我的最后一次。

那是我第一次在金融企业演讲。一家大型银行邀请我，请我在他们的会议上发言。那是我第一次乘坐飞机商务舱，从澳大利亚霍巴特到黄金海岸。抵达之后，一辆黑色的豪华轿车将我送到范思哲宫殿酒店。当我们驱车前往时，会议的组织者已经等候多时，他们护送我进入大厅，仿佛我是一名皇室成员。

我早已准备好了演讲的内容，随时等着开讲。他们将我簇拥到舞台中间，我扫了一眼，看到下面坐着三四百人。我当时超级自信，所以那么多人并没有让我感到烦扰。我很确信我一定会给他们留下深刻的印象。演讲开始，我讲了几个笑话，他们都很配合地笑了。然后我接连抛出了一些研究结果和统计数据。虽然我并不是研究员，但是我相信这就是他们期望听到的，因为他们都是业界人士，最渴望得到各种信息。我的自我感觉很好，我甚至觉得自己已经超水平发挥了。而实际上，我只不过是一名业余的演讲者，试图通过娱乐和教育我的听众来传达信息。

接下来，我向他们讲述了我的故事。我并没有做任何停顿，没有给听众喘息的时间，也没有让他们去感受我所经历的一切。相反，我只是简单地告诉他们发生在我身上的故事。

几年前，我经历了一场车祸。我记得我开车的时候睡着了，后来我才被告知，那时我的车速已经达到每小时 104 公里，而我却拐错了道。我的胳膊被撞折了……

我并没有让听众感受到我那时的感受，而是筑起了防御的高墙。

我这里说的“防御”，是指我在讲述自己的故事时会穿插一些笑话，防止感情外露。在舞台上，我努力做到不掺杂感情，因为在我的概念中，演讲者必须是强大的、成功的。我对自己作为一名演讲者的认知就是我可以战胜任何事情。我坚信我需要告诉听众，并且让他们相信，如果我能做到，他们也可以。在我的整个演讲过程中，我从未试图和他们建立联系，也没有试图用情感去打动他们。

我就那样站在舞台上，开着玩笑地说当你的身体部位脱离你之后，它就成了联邦政府的财产……开着玩笑地讲述我过机场安检时金属胳膊触发了报警器，叫个不停的警报声吓坏了我周围的人。

在和那些人讲到我的胳膊在车祸中被撞掉了，讲到我离死神只有一步之遥时，我尽可能显得轻松有趣。并不是说我在车祸以及日后数月的康复过程中没有经历过情感波动，我确实经历过。只是我觉得我应该用最直截了当的方式来讲述我的故事，不能给脆弱留有余地。我认为听众只想要事实——我相信那是他们对我的期望。

我没有与听众产生任何情感联系，也没有向他们展示我的脆弱。我想办法让他们发笑，提供给他们事实和研究成果，但是并没有将他们带入我真实的内心世界，使他们感受到我的感受。我告知他们一些事情，但是并没有向他们分享任何细节。

我的演讲获得了一些三心二意的掌声。当会议经理后来找我时，他对我的演讲并没有表现得十分兴奋。他并没有说："哇，你真有两下子，我们可以再请你来吗？"而是说："谢谢你的到来，再见。"

听起来是不是很耳熟？别人给你讲了一个故事，你却感觉敬而远之，并没有让你感同身受。或者你给别人讲故事，他们却完全没有回应。本来我给他们讲述的这个故事很强大，但是我并没有向他们展示我的脆弱，也没有让他们分享我的经历。问题并不在于缺乏准备，而在于缺乏脆弱性、缺乏共情、缺乏与他们产生联系。我告知了一些信息，讲了几个笑话逗乐他们，而这些不过是我用来隐藏自己情感的一种防御机制。

就我个人而言，相比于讲述故事的人，我对于向我分享故事的人往往能做出更好的回应。我需要感受到一种情感上的拉力，才能做出回应或是采取行动。如果只是给我一些事实和数据，我可能不会有任何反应，而如果能打动我的心，我一定会融入其中。

2006 年年中，我在澳大利亚联邦政府工作，担任青年未来学家，遵循文化和经济趋势，帮助预测这些趋势将会如何影响 13 岁至 19 岁的年轻人未来进入劳动力市场。和许多人一样，我和妻子凯特有两个孩子，而我是家中唯一的收入来源，还有贷款要还，勉强维持生计。因此，我还兼职做了声乐老师，以确保我的家庭在经济上不会出现问题。

一天，我接到一位保险推销员打来的电话，他从我的一个朋友那里得到了我的电话号码。他开始和我讲收入保护原则，让我确保自己有适当的保险产品，以防有什么万一发生。说实话，我知道我买不起任何保险，我也是那么和他说的。

但他很执着，并邀请我一起喝咖啡。我想，既然有人请喝咖啡，何乐而不为呢？于是一周之后，我们约在一家咖啡馆见了面。

我至今仍清楚地记得那一天，我坐在咖啡馆的一个角落里，是那个店里为数不多的客人之一。那时正值7月，塔斯马尼亚州的朗塞斯顿既冰冷又潮湿，没什么事谁都不会外出的。那个保险推销员来了之后，就开始向我展示他推荐的保险信息。我再次告诉他，我买不起任何保险。接下来，他向我展示了很多和我处于相似情形的案例：年幼孩子的父亲、家里唯一的收入来源，还有贷款要还。然后他开始分享那些家庭的故事，向我展示他们的照片，逐渐激发我的情感。

很快，我的思绪便从面前那些文件上飘走了，专心地看起那些父亲们的故事，心里还想着我要做一名伟大的父亲，并为我的家庭提供经济保障。

通过向我展示这些故事，那个保险推销员点燃了我心中炽热的情感。最打动我的是他跟我讲到有一个男人，同样拥有一个年轻的家庭，没有保险，却在一场事故中受伤，无法再养家，这使他不得不在应对自身重伤的同时还要担心没有收入以后家人该怎么办。我不禁也开始想，“要是我也和那个男人一样可怎么办？”

那个保险推销员在我身上激发的情感之一是恐惧。且先不论这样利用恐惧好不好，等我后来回想起时，我意识到那天那个人在咖啡馆里分享给我的故事竟成了对我的恩典，因为我买了他推销的保险产品。而就在几个月后，我遭遇了一场严重的车祸，在送去医院的途中被宣布临床死亡。我失去了我的右臂，右腿也受了重伤。我没有办法快速康复，实际上，我后来连续九个月没有收入。

通过向我展示那些照片，和我分享其他人的经历，无论那些人出险了还是没有出险，那个保险推销员都让我开始反复思考，如果我是他们会怎么办？我在脑海中不停地问自己：“如果我出事了，我的家人该怎么过？我又该怎么养活我的妻子凯特和我的孩子们呢？”

那次谈话结束时，那个保险推销员说：“山姆，你可不能没有保险啊！”于是我当即买了他推荐的保险产品。回想起来，我觉得我能从车祸中奇迹般康复的主要原因之一，就是凯特和我不用担心我们的财务状况。我有意外事故保险和收入保障，所以我们才能够完全专注于我的康复。

那个保险推销员通过和我分享真实的故事，彻底改变了我的观念，尽管其中利用了恐惧的因素，但我还是心存感激。他对故事的利用是具有破坏性的、变革性的，而对于凯特和我而言，却几乎是救命性的。

当我与他会面时，我并没有意识到他是在利用故事进行销售，并且完美地完成了他的工作。我已经完全沉浸在那些案例故事之中，将自己置于他讲述的那些父亲的境地。很久以后，在我了解了故事的力量之后，我才意识到那个保险推销员之所以与我分享故事，是为了让我与那些故事产生共鸣，从情感上做出回应，从而用心思考，而不仅仅是用脑。他巧妙地使用故事达成了销售，也让凯特和我在面临几乎是灭顶之灾时情况并没有想象的那么糟糕。

这个世界每天都在经历巨大的变化。我们生活在历史上最大、最快的颠覆性变革时期，颠覆遍及所有国家的各行各业。无论是个人变化，抑或国际组织中的变化，我们要想进行变革管理，成功地进行行业转变和自我转变，良好的沟通都至关重要。所有沟通的基本要素是确保其他人能够抓住、理解你的想法，并且利用这些想法改变他们的思维方式。

我们不能讲那些让听众因为没有受到启发而纷纷离席的故事，也不能讲没有任何影响力或说服力的故事。我们得问问自己："什么会改变人们的思维方式？如何通过我的故事解决他人的问题？我的经历与他人有什么关系？我如何与他们产生联系？"答案无他，就是你该学会如何分享你的故事。

当我开始创业、成立演讲者研究所时，我曾向各界商业导师征求意见。他们告诉我："山姆，你应该做这个，还有这个和那个。"他们给了我一些事实，并告诉我为什么应该按照他们说的去做。我当然知道他们全是好意。我告诉他们每一个人，我同意他们的观点，却继续用我自己的方式来经营我的事业。直到有一天我亲身经历了他们和我说的情况，我才明白了他们的用意，也正是那个时候，我才真正开始做出改变。那时我想：“哦，是啊，现在我终于明白他们是什么意思了。”

“我早告诉过你吧”或是“你应该必须这么做，因为……”这样的话语并不会让别人真的听你的。你必须将他们带入其中，向他们展示正在发生或可能发生的情况。如果你真的想要改变一个人的思维方式，那么“故事”和“讲述”不应该一起出现。答案是帮助你的听众见证你必须与他们分享的内容。通过你的故事，你不仅要吸引听众的理性头脑，还要吸引他们的情感，包括他们所有的感官、愿望，甚至是心底的恐惧。

我们不希望经济学家只是向我们展示图表，告诉我们事实；也不希望一个领导力演讲者只是简单地告诉我们五个原则以及这些原则如何使用。我们希望经济学家向我们展示一个故事，不仅告知我们信息，还能激励我们；我们希望领导力演讲者与我们分享他们的故事，帮助我们改变自己的思维方式。不要仅仅是讲述，而要展示和分享，要将故事与事实结合在一起。

小时候，父母就告诉我们应该做什么；上学后，老师又告诉我们应该做什么；工作后，老板告诉我们应该做什么。后来，还有人告诉我们应该告诉别人做什么。现在是时候开始使用故事的力量了。敞开心扉，通过你的故事，展现你的情感和你脆弱的一面，让听众与你产生共鸣。以这种方式分享你的故事可以帮助他们找寻到生命中新的意义。将自己想象成一个导师或是一个教练，而不是故事的讲述者。要勇于说：“嘿，让我来给你演示下这个方法。让我为你演示这个是怎么工作的。让我向你展示我的故事吧！”

故事的力量无可争议，分享的力量具有变革性，这就是为何掌握成功沟通的基本工具是讲好一个故事。

第一章

故事为什么如此重要？

故事有助于沟通中的情感释放。

“谁会讲故事，谁就拥有整个世界”，这并非当今内容营销者的宣讲词，而是出生于公元前 427 年的希腊哲学家柏拉图的一个大胆论断。无论是在世界的历史长河中，还是在我们的日常生活中，故事一直如影随形。根据《麦考瑞词典》的定义，故事是“散文或诗句中真实或虚构的叙述，旨在吸引、教育或娱乐听众或读者”。

我们经常会为了教育孩子而给他们读绘本或是讲故事。当有人去世时，我们会在他们葬礼的悼词中或是在追忆他们的酒桌上分享和他们有关的故事。

最强大的领导者通常知晓故事会如何破坏我们的情绪，如何说服人们分享他们的观点。圣雄甘地激励了印度人民，为印度带来了永久性的变革，其手段不是发动一场战争，而是向他们展示他的生活方式，通过他的故事和演讲改变人们的思维方式。同样，他总是心存好奇，愿意倾听别人的故事。

1942 年 8 月 8 日，圣雄甘地在孟买向印度国会委员会发表讲话时说：

我没有任何耀武扬威的武器，我有的只是爱。我手中确实有一根棍子，但你可以毫不费力地把它掰成碎片。

这根棍子，不过是帮我走路的一根拐杖。像我这样的一个跛子被召唤来承担最大的重任，我的激动和兴奋难以言表。当我出现在你们面前时，我是你们卑微的仆人，不是你们的指挥官，只有这样，你们才可以分担这一重任。只有最好的服务者才能成为平等大众的领袖。

因此，有一些想法在我的胸膛里涌动，我一定要和你们分享，并以尽可能简洁的方式告诉你们，我希望你们做的第一步是什么……

甘地通过分享自己的思想、艰辛和情感，帮助印度摆脱了英国的统治。可以说，他用自己的故事成就了一个国家。

故事中行动的感召

世界顶级的销售人员往往会利用故事为他们的新产品创

造全球性的期待。在 2007 年 MacWorld 大会上推出苹果手机的主题演讲中，史蒂夫·乔布斯第一句话是这么说的：“这一天我已经盼了两年半了！”这句话立刻让听众产生了情感共鸣。然后，他字斟句酌地展示了苹果从 1984 年发展到那一天的历史。那一天，他推出了他定义的三种“革命性产品”。作为一名演讲大师，乔布斯用他的肢体语言、他精挑细选的强烈的感性话语以及他独特的演讲风格向听众表明，接下来要呈现给大家的远远不是一款新型手机而已。

故事是一种行动感召，呼吁我们去购买某款产品或是体验某些服务，或是对某个人及其想法和经历产生共鸣。倾听故事让我们融入故事分享者的世界中。作为演讲者、营销人员、商人或是领导者，我们要传达信息并说服客户，我们必须使用讲故事的方式。故事现已成为所有销售策略的重要组成部分，正如它已成为主题演讲或是报告展示的内在组成部分一样。

企业故事与公司的名称、徽标同等重要。同理，客户讲述的有关服务的故事，或是员工讲述有关他们工作经历的故事，可以支持公司的品牌和声誉，同样也可以破坏公司的品牌和声誉。竞选故事，生活故事，企业历史，催人奋进的、鼓舞人心的或是解决问题的故事……故事类型可谓多种多样。销售人员或任何与他人建立关系的人员，都需要创建一个能够激励和鼓舞客户的故事。故事讲述的是与人有关的一切，我们是谁，我们的感受，我们在人生的高潮和低谷中所经历的一切。引人入胜的故事可以展示我们的情感、我们的脆弱，还有我们的真诚。

故事中情感的力量

我们需要故事，这是显而易见的，所以也许我们应该换一种方式思考一下，“为什么故事很重要？”如果我们分享故事时不带感情色彩，又会怎样呢？

还记得我第一次演讲的故事吗？我在舞台上自我感觉良好，准备了充分的统计数据以及相关研究图表。我认真地准备，并以为会打动我的听众。结果并没有如愿。他们只是表现得彬彬有礼，却无动于衷。

我知道我的演讲出了问题，却不知道出了什么问题。回想起来，我发现是我太使劲儿了，在使劲儿的过程中，我过于专注头脑而非内心。我并没有向大家分享我的脆弱或情感。我没有意识到我需要与听众发生联系，而不仅是简单地告知他们一些信息。我表现得很有趣，但这远远不够。那次活动之后，我不知道自己该做些什么，我得到的反馈就是我表现平平，没有人急于再次邀请我。所以我决定再次打磨我的演讲稿。我想，也许我需要再幽默一点儿，因此我准备了更多的笑话。接下来，我在国内外参加了不少有关演讲的培训。

我所做的那些努力有一些效果，但是我知道还是有些不太对劲。产生变化的关键时刻，也就是我顿悟该怎么做的那一瞬间，是我在纽约遇到了写作导师玛丽琳·霍洛维茨。

彼时，我在美国加州洛杉矶参加一个名为“作者 101”的会议。在会议上，我有幸听到玛丽琳·霍洛维茨教授一场有关写作的讲座。那次会议之后，我去纽约参加了一个活动，我想起玛丽琳·霍洛维茨教授就来自纽约，于是通过坚持不懈的寻找和持之以恒的沟通，我找到了她，她也同意见我。我约她共进午餐，和她聊起我正在写的书，聊起我遭遇的车祸，以及自那以后我一直在做的事情。我告诉她我获得了澳大利亚杰出青年奖，我现在是一名演讲者，我战胜了那场车祸，并且从未回头。

霍洛维茨教授问我到底是如何度过那场车祸以及之后进行康复训练的数月时光的。

我说：“这个嘛，我就是战胜了啊。很简单啊，你知道的，就是挺过来了。”

她又问了一遍那个问题，问我到底是如何度过那场车祸的。

我还是同样地回答她，她压根儿不相信我，我搞不明白她到底想知道什么。

接着，霍洛维茨教授问了我一个措手不及的问题。她让我想想内心的那个小男孩。她想让我考虑一下，对于那场事故还有我在轮椅中度过的那一年，以及整个康复过程，那个小男孩会说些什么。

我闭上了嘴，陷入了沉思。接着我又问："你的意思是？"

霍洛维茨教授解释说，当我谈及生命中的这个危机点时，我听起来似乎与我所经历的事情没有任何情感联系。就好像我压根儿一点也不关心自己，并且无法承认或是谈论我在缓慢康复、重启人生的过程中的那些情绪。她让我意识到我说的是"我很快从车祸中挺了过来，并且继续我的生活，现在我又是个快乐的人了"。或许那就是我在与她交谈之前所深信的，我以为没关系，但是那并无助于我作为作家或是演讲者对于真实感受的表达。

玛丽琳·霍洛维茨教授让我意识到情感的力量。她让我思考如何以及为何将情感带入我的故事之中。她向我展示为什么我应该允许自己在听众面前变得脆弱而真实。正是那时，我意识到只有笑话、事实和数据还远远不够。它们仅仅是娱乐和信息。除此之外，我必须真正分享我的故事。在故事中，你得带着你的听众前行，哪怕你的旅程艰难、悲伤甚至是痛苦。你需要向听众展示在旅途中你遇到阻碍时，你是如何做出改变的。

印度的故事讲述者杰瓦拉·格亨特有一句话我完全同意："故事不应从脑到脑，而要由心入心。每个故事都有一个灵魂，有它自己的生命。"

我在黄金海岸失败地完成了我第一次重大演讲时的经历，并非我一个人独有。我的同事德鲁·韦德是一位出色的演讲者，但是只有当她不再将情景与故事混淆时，她才开始与听众产生联系。她至今还记得最初的感受。

德鲁·韦德的故事

那时，我刚刚成为一名恋爱关系指导教练，那是我的第一次公众演讲任务。我觉得我所拥有的信息可以成就或破坏一段关系，所以我致力于实现这一目标。

我简述了一下我故事的历史背景，然后就直接开始陈述事实。我用了大量的数据，甚至用了不同种类的巧克力来呈现不同等级的关系，因为我觉得那样展示我的观点应该挺有意思的。

我以为我的风格温暖而迷人，但是听众看上去却是一脸茫然。我可以看出来他们并没有接收到我想传达的信息。我的演讲并没有想象中那样让人印象深刻。我感觉自己碰了一鼻子灰，却不知道为什么。我做了相关研究和准备工作，我有良好的用意，也尽了最大的努力。我觉得已经万事俱备了。当得知自己并没有达到想要的效果时，我恨不得找个地缝儿藏起来。

我的演讲缺少了什么东西吗？缺少了一个与听众相关的可以感同身受的故事。我觉得我那么做了，但事实上我只是解释了背景而已。我告诉他们我所研究的一切："原则是这样的，这个很重要，这个是事实和数据，这个是你们必须知道的。"

经过山姆的指导，我了解到听众需要听到情感，了解到如何将相关的脆弱性融入我的个人经历之中。

数月之后，我就同一个话题又做了一次演讲。不同的是，这次我使用了自己的经验故事，将事实融入其中。我分享了初吻时手心冒汗的紧张与兴奋，生动地再现了我所经历的一切。这一次，听众可以看到并感受到我的感受。他们可以想象到我的经历，接收到我的信息。我的故事将他们带到对自己经历的追忆之中，从而他们可以将我的知识运用到他们自己的生活之中。

一旦我意识到我应该在一个真实的故事中呈现数据，并引导人们看到我脆弱的一面时，事情就变得简单了。我曾认为，讲述故事比带领他们展开一段情感旅程更为重要。但现在我知道了，建立情感联系才是至关重要的。

所有的故事都具有破坏性

要知道，所有的故事都具有破坏性。它们会扰乱我们的思维方式，所以当我们听完某个故事时，我们会以不同的方式来看待它。

2010 年，Facebook（脸书）首席运营官谢丽尔·桑德伯格在 TED 女性频道发表了一个题为“为什么女性领导者如此之少”的演讲。在她上台演讲之前，后台发生了一件有意思的事。当时她正站在帕特·米切尔身旁，米切尔是美国有线电视新闻网制作公司前总裁，全球 TED 女性会议的主持人。就在上台之前，桑德伯格转向米切尔，说她最近一直都过得不太好。压倒她的最后一根稻草，就是在她即将登机去做第二天的 TED 演讲时，她三岁的女儿紧紧抱住她的腿，求她留下来。她之所以告诉米切尔这些，仅仅是因为她们是朋友，而不是因为她认为这段经历与她几分钟后要谈的主题有关。帕特·米切尔立刻说，她真的应该分享这个故事。桑德伯格记得她计划发表的演讲“充满了事实和数据，没有任何个人的东西”。

事后，谢丽尔·桑德伯格就她的第一次 TED 演讲接受帕特·米切尔的采访。在采访时，谢丽尔·桑德伯格进一步解释说，一开始她并不相信米切尔，以为她在开玩笑，于是她又向米切尔确认，是否真的觉得自己要上台去给 TED 听众讲述关于她女儿的故事。米切尔回答说："是的，因为如果你想谈论让更多的女性担任领导角色的话题，那么你必须诚实地说明这有多么艰难。"

已经有超过 600 万人观看过桑德伯格的 TED 演讲了。你一定和他们一样，看到了分享个人故事的力量。设想一下两种不同的演讲，一种演讲充满了各种数据和研究，另一种演讲讲述了一个故事，故事中有个小女孩抱着妈妈的腿不撒手，让妈妈因为无法兼顾生活中的所有元素而深感内疚。请你问问自己，这样的两个演讲，哪个会让你立即做出更快的反应，并且有动力去解决让更多女性担任领导角色的问题？

职业女性会立即认同桑德伯格，与她产生共情，明白她想表达的意思。许多男性也会认同她，或者至少可以看到社交媒体行业里最强大的女性之一同样面临着其他职业父母所必须应对的平衡游戏。相较于数字列表，个人的、脆弱的、感性的故事更容易将人们联系起来，并且更有力地改变我们的思维方式。编剧兼作家罗伯特·麦基说："我宁愿听到很巧妙地融入故事中的事实，也不愿意看着一块块饼状图。"

保罗·J. 扎克博士告诉我们："要想激励他人、说服他人或是被他人铭记，先讲述一个人类苦苦奋斗并最终取得胜利的故事，这样的故事会抓住人心，而这要从抓住他们的大脑开始。"扎克博士是美国克莱蒙特研究生大学神经经济学研究中心的创始人和主任，他很好奇为什么故事会影响我们的思维方式。为了回答这个问题，他研究了故事改变我们行为、信仰和态度的方式。扎克博士的研究发现，当有人对你表现出信任或善意时，你的大脑会产生一种神经化学物质——催产素，它会告诉你的身体这个人是朋友，而不是威胁。此外，它还让大脑知道可以通过建立共情与那个人合作。它还可以帮助你感受另一个人正在经历的情绪。

如果再深入一步，给大脑讲述一件事，一个故事，又会如何呢？这样做可以鼓励人们互相合作吗？这是扎克博士及其团队致力于解答的问题。他们发现"人物推动的故事确实会不断引发催产素的合成"。大脑释放催产素的数量表明了人们愿意帮助他人的程度，例如向与故事中有关的慈善机构捐款等行为。

扎克和他的团队继续研究，发现为了激励或帮助他人，故事必须通过制造紧张气氛来维持关注度。如果有紧张感，观众、听众或读者才更有可能分享故事中人物的情感。朗塞斯顿的咖啡馆里的那个保险推销员很确切地知道如何利用故事来改变我的想法，他通过引入情感、制造恐惧、引发紧张和制造焦虑等方式一步步将我引向选择之境：要么购买保险，要么觉得自己是个糟糕的父亲。我做出了自己的选择，为此，我将永远对他心存感激。

根据扎克及其团队的研究，即使故事已经结束，听者还是会继续模仿故事中人物的感受和行为。想想你看过的电影或是读过的书中的人物，有些是不是在多年之后仍会回想起？许多人说他们可以回忆起曾经看过或是听过的一个改变了他们人生的卓越故事。美国埃默里大学格雷戈里·S.伯恩斯研究员及其团队甚至发现了可能与这种感觉有关的生物痕迹：在读完一本小说之后，至少在几天之内，大脑的实际变化仍然存在。

我们发现，与身体感觉和运动系统相关的神经变化表明，阅读小说可以将你带入书中主人公的身体。从象征意义上而言，好的故事可以把你带入别人的角色中，现在我们发现可能真的有一些生物学上的事情正在发生。

和扎克的团队一样，伯恩斯和他的同事们也发现，听众在听故事时会与故事中的人物产生共情，这种共情会随着故事的开展而加深，并且在故事结束后还会持续一段时间。作为一名专业的演讲者，我与世界各地的听众分享我自己的故事，见证了人们如何与我的旅程发生联系。2013 年，我受邀在日本的一次会议上向 8 000 名听众发表演讲。最后，一个听众托人转交给我一封信。

登上返回澳大利亚的飞机之后，我从包中拿出了那封信。

在信中，一位刚刚听我演讲的女士写道，过去几个月对她而言是毁灭性的。她的婚姻结束了，她与孩子们失去了联系，她身无分文。她甚至不想再活下去了。而现在，让我惊奇的是，她在信中解释道，她都不知道自己为什么会来听我的演讲，但她来了。那本是她打算在结束自己生命之前做的最后一件事。很显然，她打算在那天晚上自杀。

她写道："你从车祸中奋起的故事给了我希望，改变了我的思维方式。"读到此处，我不禁感慨不已。她说，正如我克服了自己的危机一样，她意识到自己也能做到，现在她明白了她的生命是有意义的。我读着她的信，眼泪顺着脸颊流下来，直到我读到最后一行，她说，感谢我挽救了她的生命。

***

故事不仅可以激发他人、影响他人，甚至还可以治愈和拯救他人。故事可以改变思维方式，引导人们朝着可能的方向去思考。故事可以是毁灭性的，也可以是建设性的。不论是我们讲述的故事，还是我们听到的、看到的、分享的故事，它们都是发现、挖掘和了解我们每个人的独特以及共同之处的最佳方式。

第二章

故事中最重要的元素

没有人会关心你的故事，除非与他们相关。

故事一直伴随着我们，故事的力量延伸到我们生活中的方方面面：个人、商业，甚至投资、经济和金融波动等。耶鲁大学罗伯特·J. 希勒教授提醒我们：

> 人类的大脑一直高度关注事实及非事实叙事，以解释正在进行的行为，即便是支出和投资等基本行为也是如此。故事可以起到激发作用，并且将活动与深刻感受到的价值观和需求联系起来。叙事传播广泛、深远，甚至会带来全球性的经济影响。

在经济困难时期，领导者会用讲述故事的方式带领整个国家前进。根据昆士兰大学经济学院布伦丹·马尔基·托勒博士的说法：

政府和投资者无视故事讲述的力量，却看不到这种无视所带来的风险。金融市场不仅仅受到利率和货币的“机制”驱动，其驱动力还包括人类最古老的一个传统——故事。

因此，我们都认同故事至关重要。从最初我们通过莎草纸进行分享，到现在我们通过 Twitter、Facebook 等新媒体进行分享，故事无处不在。我们可以利用故事来解释任何事情，不论是我们自己的经历还是某次金融危机。要创造出引人注目和可分享的故事，我们必须了解它们的基本要素和结构。

故事的基本要素

没有如下四个要素，故事就不会完整：

- 英雄
- 任务
- 危机
- 解决之道

英雄

每个故事中都有一个“英雄”，也被称为不太可能的英雄、受害者、受益者或是主角。我们通常会在故事的开始遇到他们。

故事的核心是英雄在旅程中追寻目标、克服危机或在逆境中发生转变。英雄是故事行动和变化的核心。如果故事足够引人入胜，我们就会与英雄建立共情，理解他们的问题或危机，并希望参与他们的旅程。英雄发生转变时，我们与他们并肩同行，我们的思维方式以及我们的态度或期望也可能会发生转变。

战略家马特·巴斯比·安德鲁斯解释说，在那些自我实现的故事中，英雄的转变来自一些自我发现，而这种自我发现往往是通过一位教师形象的人物的帮助、行动或是干预促成的。举例来说，在《功夫熊猫》这部动画冒险电影中，熊猫既是受害者又是英雄。他最初是一个笨拙无能的形象，但是通过向他的老师学习，最终转变成了英雄。再想想《指环王》中的英雄弗罗多以及老师甘道夫。当你分享自己的故事时，你可能会担任教师、导师或是教练的角色。玛丽琳·霍洛维茨是我的导师，她帮助我改变了我分享故事的方式，而现在我又成了他人在人生旅途中的导师或是老师。

我们会与英雄形成情感联系，特别是当他们扮演受害者的角色时。安德鲁斯指出，在任何服务交换中，都会有人在某些方面将自己视为“受害者”。以一家初创咖啡馆的老板为例，他可能需要通过贷款来购买昂贵的设备，他卖出的每一杯咖啡，银行都会拿走15美分左右。有许多像这个小企业家一样正努力做着正确的事、开创着新事业的人，本身既是“受害者”，又是“英雄”。作为故事的讲述者，你可以围绕他们打造一个引人入胜、扣人心弦的故事，人们一定会有所感触。

产品或品牌也可以成为故事中的“英雄”。作为“英雄”，它们或许可以给你提供较低的贷款利率、不同的商业模式，或是更好的产品。突然，作为英雄的品牌或是产品已经具备了使它们看起来几乎人化了的特征。

任务

英雄必须踏上实现目标的旅程，可以是去“屠龙”，或是去寻找离开现有工作岗位去创业的勇气。我们会在故事的开头了解这个任务，它将贯穿整个故事，并且在结尾得到完成或解决。

这个任务驱使英雄前行，并将听众带入其中。在完成任务的过程中，英雄可能会被改造。与此同时，我们也会想，“他们会成功吗？”我们可能会为他们欢呼加油，或是屏住呼吸，希望他们能够实现目标，希望他们能够取得胜利。

危机

精彩的故事必须有危机、冲突、挑战或是争议。危机可以在早期引入，甚至在故事的开头引入，但在通常情况下，危机往往在故事的中间出现。

危机会带来强烈的情感、期待和紧张情绪。它将破坏任务，并在英雄前进的道路上设置重重障碍。然而没有危机，英雄就无法转变。危机、冲突和挑战会将你拉到椅子的边缘，迫切地想知道英雄将会如何战胜它们。接下来会发生什么？英雄能活下来吗？这种危机或冲突可能是具有不同信仰的人之间的巨大冲突，也可能就是一个个人问题，或是一个商业问题。可能是一项挑战，如遭遇车祸或是处理逆境。还可能是一个争议，如两党或是两人之间的冲突。还有可能是关系崩溃的时刻，抑或是两种宗教之间的争执。

危机是让人发出“哇”声惊叹并采取行动的精髓所在。它吸引我们的注意，并引发我们思考：“如果在那种情况下换成是我怎么办？我该怎么做呢？我要如何应对？”每当听到冲突、挑战或是争议时，我们都会竖起耳朵，因为它给我们带来了刺激的肾上腺素和兴奋感，我们必须知道它是如何被解决的。

解决之道

解决之道常出现在故事的结尾，有多种呈现方式。它可以是励志的、悲剧的、喜剧的，但是它必须把我们带到与故事开头不一样的地方，或者说必须以某种方式改造英雄。通常情况下，解决之道出现在故事结束之前，是那种让我们终于释怀的“啊哈”时刻。我们会从解决之道中有所收获，它是结果，虽然并不总是大团圆的幸福结局，却是一种结束。

经典的故事结构

几乎所有故事都以同样的方式构建：有开头、中间和结尾。图 2.1 说明了这种结构，以及故事发展过程中的高潮和低谷。

- 在故事的开头我们通常会看到背景：遇见英雄，开始任务。背景可以是故事的场景或是故事开始时发生的事情。例如，一个背景可能是：“我多年来一直在为同一家中型公司工作，担任客户经理……”

- 在中间时危机出现，并逐渐加剧或是急速加剧，沿途还会有其他一些小的高潮或是低谷出现。
- 然后出现巅峰，最后是解决方案和结尾。

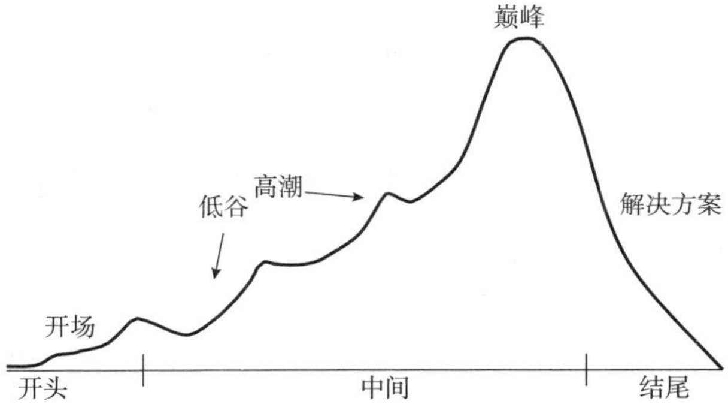

图 2.1　故事的开头、中间和结尾

故事并不总是必须遵循这个顺序，也可以先从危机开始，然后进行倒叙。然而如果英雄、危机或是解决方案缺失，那就不是一个完整的故事了。

马特·巴斯比·安德鲁斯是一名故事讲述者，他通过故事帮助人们分享经验和问题，从而获取解决之道。他的信条是我们必须尊重每个人的故事，我们必须认识并承认人类的经验。通过故事，你可以设身处地地为他人着想。马特·巴斯比·安德鲁斯鼓励我们在故事中展现最基本的人类斗争因素，因为这样我们就会拥有与每个人相关的东西。人们可以感受到电影《辛德勒名单》与自己相关，即便他们并不是犹太人，那是因为每个人在他们生活中的某个时刻都曾感受到被孤立。在书和电影中，托马斯·肯尼利和史蒂芬·斯皮尔伯格借鉴了人类经历中最重要的方面和故事的基本要素。

如果你是故事中的英雄或是导师，那么问问自己："我要如何才能使这变得与他人相关？"有一种很棒的方法可以做到这一点，那就是通过使用三种普遍的人类恐惧中的一种或多种来构建你的故事：

- 害怕不被爱
- 害怕不够好
- 害怕没有归属感

创建故事时可以考虑以下几点。

故事的开头

开始你的故事时，需要考虑如下信息：

- 我如何展示危机之前我的生活？也就是说，在生命决定性时刻之前的生活。例如，展示一下你成长的地方，你父母做过的事情，他们来自哪里，你兄弟姐妹的详细信息，你当时正在做什么，等等。

- 我怎样才能更加详细地讲解生命决定性时刻之前，也就是危机之前的事情？描绘一幅场景，让听众想象，并将自己投入场景之中。

- 我的设置中有哪些线索是我和听众的共同点？你在哪里可以找到与听众的联系点？你是否可以找到听众与你的相似之处？例如，“你有没有过这种感觉？”（再强调一遍，要记住人类的三种恐惧：不被爱，不够好，没有归属感。）

故事的中间

在故事的中间，你需要展示危机时刻。你可以这样做：

- 详细描述生命决定性的那一天或是那一刻，即危机时刻。你的感觉如何？事情是怎样的？围绕将要发生的事情制造预期，为高潮时刻做好铺垫。

- 尽量让那个时刻更加戏剧化。描绘一幅场景，描述你的感受，深入展示每一个细节。在合适的情况下，可以强化每一种情绪。例如，扩大恐惧，增加奇迹的感觉。

- 让听众了解你的经历，你的感受，你的故事。时不时地停顿一下，问问听众“你能想象吗？”这类的问题，让听众产生震惊、好奇和敬畏之感。

故事的结尾

故事的结尾必须给听众一个关键信息引发大家思考，也许还需要一个号召，一个采取行动的呼吁。在准备结尾时请考虑以下想法：

- 你想与听众分享的有关这一刻最主要的学习成果是什么？你的解决方案，即你想通过这个故事所传递的信息。
- 让听众清楚地了解你的学习情况，以便他们做出回应。让你的听众有“啊哈”的恍然大悟的时刻。让他们从你分享的内容中汲取宝贵的经验。让你的学习与他们有关。
- 给听众带来挑战。他们听完你的故事之后必须有所收获。邀请他们写下来并与身边的人分享。

“是怎样”与“可能是怎样”

当你用故事来说服听众时，还可以使用另外一种结构，那就是“是怎样”与“可能是怎样”。这种结构可以轻松涵盖前面说到过的故事的“开头、中间、结尾”。南希·杜阿尔特是杜阿尔特设计公司的首席执行官兼演示设计师，她在2011年TED演讲“伟大演讲的秘密结构”中明确了这一结构，并对其进行了精辟的阐释。

“是怎样”可以是你几年前甚至是那天早上以前的情况。对于听你演讲的听众而言，可以是当前的情况，可以是你故事的开头，或是你想要改变的问题或情况。

然后展示另外一种选择——可能是怎样。

在两者之间进行切换——向听众展示“是怎样”以及“可能是怎样”。

也就是你发生了什么事，你的生活是怎样的，你或者你的听众经历过什么问题，或是正在经历什么问题。

然后展示可能有什么不同、如何改善生活、如何改变情况。讲述故事时，在“是怎样”和“可能是怎样”之间来回切换。

在你故事的结尾，要宣告“可能是怎样”或是生活变成了什么样。结尾要向你的听众揭示“可能是怎样”的启示。

我建议大家观看南希的演讲，看看她是如何将这个结构对应到马丁·路德·金的“我有一个梦想”这个演讲之中的。

讲述故事的关键

不论你的听众是谁，你希望实现什么结果，在分享你的故事时都需要记住一些基本的想法。

- 主角不是你，而是你的听众，所以要始终将他们放在心上。
- 要善打感情牌，你可以适当夸大故事的某些部分，创造高潮和低谷，以激发更多的情感。
- 非常清楚地表明这次旅程或是这个故事会有一个结果。

举个例子：关于我的故事

这里是我的故事，我将它分解为“开头、中间、结尾”。你在创建自己的故事时，可以将你的经验融入这一结构中。

开头

这是我的故事的开头，在这里，你遇见了我——故事的英雄，了解了我周围的一些人，看到了我的故事开始的地点，进入了故事开始的时刻。所有这些都是我的故事的设置，即故事开始时我所处的背景。作为故事的讲述者，这也正是我开始点燃听众好奇心的地方。

山姆的故事 第一部分

大家好！我叫山姆·考索恩。我现在生活在一个大城市里，我的童年是在塔斯马尼亚的一个农场度过的。那个地方离霍巴特有两个小时的车程。我父亲是苏格兰人，母亲是印度人。父亲在我母亲的家乡加尔各答西南部的克勒格布尔当医生时，他们相遇并坠入爱河。父亲说服了我的母亲与他一起搬回了澳大利亚。他们生了 11 个孩子，其中 7 个男孩，4 个女孩，所以我现在是 38 个孩子的叔叔。

我们是当地学校里唯一肤色较暗的孩子，就因为我们长得和大家不太一样，经常有人找我们的麻烦。那时的日子过得比较艰难，所以我早早辍了学，和一帮坏孩子混在一起，并且染上了毒品。我的生活本来会变得越来越糟，但幸运的是，我遇到了这个神奇的姑娘——凯特。她要我做出选择，是一生与她度过，还是一生与毒品为伴。大家猜猜我选择了什么？在凯特的帮助下，我的生活开始逐渐好转，我在位于霍巴特的澳大利亚联邦政府找到了一份很不错的工作，我们还有了两个可爱的女儿。

中间

在我的故事开始时，我认为我的主要使命是为政府工作，养家糊口，在塔斯马尼亚生活。然而，故事的中间出现了一场危机，改变了我的生活。我的主要使命、我的目标和志向，在故事结尾发生了翻天覆地的变化。

山姆的故事　第二部分

那时的我，已婚并育有两个孩子。我除了全职工作之外，还有一份兼职工作，这样才能够负担全家的开支。我以为自己已经处在世界之巅，实现了我想要的一切，但现实是我筋疲力尽。那一年10月的一个下午，我参加完一个会议后驱车离开。塔斯马尼亚的春天很冷，所以我打开了车内的加热器。车内逐渐暖和了起来。我感到一阵疲惫，虽然当时我还手握着方向盘，却已经困得打起盹来。然后我的车在高速路上突然一拐，以每小时104公里的速度径直撞上了一辆半挂车。其他司机停下车冲过来帮忙时，发现我的身体已经一团糟。在去往医院的路上，我被宣布临床死亡。但医生们很了不起，他们帮我捡回了一条命。在接下来的一段时间里我需要靠机器维持生命。我在医院住了五个月，又坐了一整年的轮椅。事实上，医生告诉我和凯特，我这辈子可能再也不能走路了。

这是我的危机和挑战。

结尾

这是挑战带给我的成长。

山姆的故事　第三部分

等我终于能够再次行走时，我却不想回到原来的工作岗位上了。我更想开启生命新的篇章，因为我身上发生了一些变化，不仅仅是身体上的变化，还包括情感上、心理上甚至精神上的变化。我更加专注于思考我未来能够成为的样子。也正是那个时候，我成为了一名专业的演讲者。如今我已经面向全球 36 个国家的 100 多万人做过演讲，有上亿人通过网络了解了我的故事，而所有这一切都因为我战胜了那次重大的挑战。在事情的发展过程中，我被彻底改造了。我接受了那次车祸危机扔给我的挑战，并且改变了自己的一生。

这些就是我个人英雄旅程的主心骨：开头包括设置，中间包括危机和挑战，结尾包括变化和解决办法。

我相信这个星球上的每个人都有自己的英雄旅程。每个人都会经历一个彻底改变我们人生的决定性时刻。我喜欢把它称为“凯罗斯”时刻[①]——一个决定性、机会性的时刻。它可以是一个关键事件，一个滑动门时刻，既是我们故事中的动力，也是我们分享故事的动力。这种改变生活的事件可能是一场冲突、一场大规模的挑战，或是一场严重的争端；可能是破产、某段关系或婚姻的终结；可能是失去所爱之后如何继续生活下去的勇气；可能是工作上的某次爆发性问题，让你决心自己创业；还可能是经济衰退，或是意外之财。

解决之道就是结果。你的结果是什么？可能是你从危机中学到的东西，也可能是你蒙冤入狱。结果并不总是积极的。故事结束时，听众可以看出是什么成就了今天的你，或是你的服务成就了什么，你的产品如何改变了他人的生活等。如果你能很好地讲述你的故事，他们会与你发生连通，你的故事也可以帮助他们做出改变。

***

你的故事就是你现在的旅程，你今天的旅程，而你的解决之道就是你当下所处的时刻。接下来，让我们一起看看一个可以为你的故事提供结构的框架。

① 古希腊人表示时间的词，指质量上的时间，正确地、关键地、适宜地做某个事情的时刻。——译者注

第三章

如何构建你的故事？

我的伤疤述说了一个故事，它们是我的性格锻造和我的故事结构开始的标记。

如果你希望以最强大的方式让别人明白你的观点，如果你想分享一个你的听众或是客户可以连通的故事，那么五点权威沟通框架（如图 3.1）可以为你提供一个构建故事内容的结构。我根据自己多年演讲的经验，并通过分析其他演讲者架构自己演讲的方式，创建了五点权威沟通框架。在将其用于我自己的多个主题演讲之后，我相信无论你是演讲者、销售人员还是领导者，五点权威沟通框架都有助于你构建自己的故事。

五点权威沟通框架

权威沟通框架是组织内容的蓝图，可以用来与听众、客户进行连通，向他们讲述一个他们也会想要分享的故事。

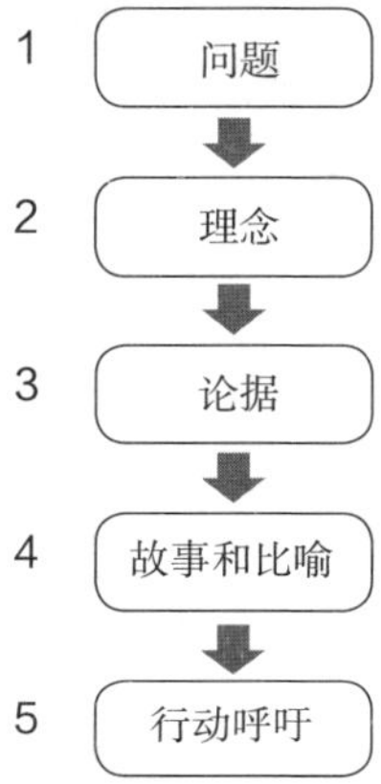

图 3.1　五点权威沟通框架

1. 问题："你有没有觉得……？"

无论是对我们的客户、老板还是我们的生意，抑或是对听众，我们都在为创造价值而努力。我们信息的价值始于解决目标受众的痛点或问题，而发现他人正在面临的问题的唯一方法就是先了解那个人是怎样的人，他们的情况如何。

要做到这点，你需要先对他们进行详尽的研究。通过对他们进行调查，进入他们的世界，如果可以对话，还可以询问他们的所思所想。在此之前，不要假设你了解他们。不要想当然地以为你了解那个人及其任何需求。

如果你没有认真去了解你的客户，那么你正在使用的可能仍然是老套的“喷雾祈祷”式故事讲述法。也就是说，你正单向地向整个市场讲述同一个故事。而如果你想改变客户的观点，你需要分享一个与他们特别相关的故事：找出他们的痛点和问题所在，并解决它们。

用“你有没有觉得……？”这样的问题开始你的故事。

我们都被自己的情绪和感受所驱动。我们做任何事情都在遵循自己的感受：我们凭感觉决定穿着，凭感觉做生意、买东西。当有人问你问题，并且这个问题与你的痛点和所处境遇相关时，你会立即坐直身子，准备好倾听，因为那个人说了一些与你的感受有关的东西，他们正在试图解决你的问题。

你可以提出以下问题：

- “你有没有觉得，你的生命里其实还可以拥有更多有趣的东西？”
- “你有没有觉得，你想让世界听到你的声音？”
- “你有没有觉得，即便是谋生，你也想做一些你真正想做的事情？”

通过提出适当的问题来应对他们的问题，你可以表明你对他们的感受有所了解，你在为他们创造相关性，这样你们就可以开始建立融洽的关系。

从这个问题开始，你可以在整个故事中建立一个案例来解决对方的痛点。你甚至可以适当夸大问题，使你的故事更具吸引力。还记得我在朗塞斯顿与那个保险推销员沟通的经历吗？他通过询问我的情况完成他的调查：两个孩子的父亲，家里唯一的经济支柱，想给家人最好的，生活预算却有限。

他问的问题始终围绕着一个主线："万一你出了什么事，你的妻儿经济上会怎么样，你有没有为此感到焦虑？"我的确对此很担心，为了确保我们丰衣足食，我除了全职工作之外，还额外做了一份兼职。于是我坐直身体，专心倾听。

随后，他分享了和我同一处境的一些人的故事，那些人有的有保险，有的没有。他逐渐夸大了那些没有保险的男人的恐惧因素。他一直在调动我的情绪，直到最后我认同了他的观点，认为自己必须买保险，尽管最初我说过我根本买不起保险。

你需要了解你的市场，并且需要知道你正在沟通的人的痛点和问题。只有当你了解了他们来自何处，你才能通过他们的眼光来看待他们的生活，你才能改变他们的思维方式。那样的话你就有了杠杆，可以开始提供价值，对方也会坐直身子，准备好听你讲话。

2. 理念："我发现……"

在你真正了解听众的感受之后，你就可以用你的理念为他们解决问题。

理念可以很简短，有时候甚至不需要一个完整的句子。许多人会采用整段、整页甚至整个对话来传达他们的理念，在我看来这样是不对的。

在我与那些想成为专业演讲者的特定听众交谈时，我会说："我发现当你学会有力地讲述自己的故事时，你不仅可以赚钱，可以改变你的生活方式，还会感到满足。"这个信息既简短又易懂。我的理念很明确。

最好要做到：

- 认真选择你的词汇，因为每一个词都很重要。
- 在你所有的沟通中以同样的方式来表达你的理念，这样你的理念就很聚焦，而不会被稀释。
- 让你的理念具有破坏性，这样才能脱颖而出。
- 明确你的理念。
- 表达要简明扼要。

沟通中最大的问题之一就是人们无法准确表达他们的想

法、产品或者服务是什么。他们无法清晰地传达信息。

销售和营销领域的每个人都在销售产品、服务或信息。如果你不知道如何用一句话传达你的产品、服务或是想法，那你可能就输了。

传达你的理念最有效的方式是简短、干脆、直截了当，可以从“我发现……”这样的句子开始。

- “我发现这种特定的产品可以帮助你缓解这种特殊的疼痛。”
- “我发现当你接受这些服务时，你的痛苦或是问题就会得到缓解。”

“我发现……”是一个人对人的时刻。你是在告诉别人你有一个适合你自己的解决方案，现在你想分享这个解决方案，因为它也有助于缓解他们的问题：“我发现这个对我有用……”

在这个阶段，你的听众可能会想：“我是有问题或棘手的事，你可以说说看你的理念或是解决方案，我为什么要这么做以及怎么做？请举例说明。”

3. 论据："研究表明……"

你必须让目标受众相信你的理念比其他人的更好。告诉他们为什么你的理念会减轻他们的问题或挫折感。要吸引他们，你首先得呈现论据，你的意见本身是不够的。论据可以是事实、研究、数据、统计、案例或是推荐。论据表明你的可信度和权威性，可以用"研究表明……"这样的句子开头，然后给出研究、事实、统计和案例来支持你的理念。

4. 故事和比喻："曾经有一次……"

在吸引到目标受众之后，是时候与他们的心发生连通了。要吸引他们大脑的右半部分，那是创造性的部分。要充分利用他们的情感和五种感官，直接抓住他们的直觉，使他们明白你的理念。实现这一目标最好的办法就是给他们讲述一个引人入胜的故事，并在其中使用强大的比喻来锚定你的想法和信息的关键线程。

什么是比喻呢？《麦考瑞词典》将其定义为"一种修辞手法，其中一个术语或短语被应用于某些不适用的东西之上，以表示相似之处"。比喻是用一种物体或想法来代替另外一种物体或想法，如"时间就是金钱"或是"她与癌症作战"

等就是比喻的例子。比喻不是字面意义，比喻有助于我们理解可能难以理解的内容，并有助于澄清某个想法。

伊丽莎白·丘吉尔是谷歌用户体验部的总监，也是一名心理学家。她曾说："我们动员思想、号召行动、说服他人的办法之一是采用一些比喻和类比，这样别人就能更容易明白你的想法。"她鼓励谷歌的产品经理在他们的故事中使用比喻的修辞手法，因为比喻提供了一种让人沉浸在他人体验中的方式。她进一步解释说，"你选择的比喻会对你的听众接收你信息的方式及效果产生影响"。

有人说"时间就是金钱"，也有人说"时间的牢笼"，你如何理解这两个关于时间的比喻？

第一个比喻让时间听起来很有价值，第二个比喻让时间听起来很有约束力。两者都在我们的脑海中形成了想象，只用几个词便表达了很多意思。比喻将人们带入一个故事中，让他们可以自由地将故事带到自己想要去的地方。通过这种方式，你的故事将成为你听众的故事，并经由他们传递给更多人。

加拿大歌手兼作曲家玛莎·温莱特谈及她写的一首关于她父亲的歌曲。她起初认为这是一首源于她个人经历和感情的歌，非常私密。直到一天晚上，她在一场音乐会上演唱了这首歌，她才意识到，当听众领会了她的比喻时，他们会将这首歌视为自己的歌，从而沉浸在自己的情境之中。

我向下望去，他们都闭着眼睛，哼唱着这首歌。他们不是在唱我的父亲，他们在唱他们自己的父亲，或是跟他们出去的那个混蛋，或是不理解他们的那个老师。

这就是比喻的力量！

5. 行动呼吁："今天我想和你一起做……""今天我想教你如何……"

你已经解决了目标受众的问题，提出了你的理念，给出了支持你理念的论据，并创造了一个比喻来帮助他们感受这个理念。现在，他们已经相信你了，想知道下一步该做什么。

你想让他们做什么呢？

如果你正在销售某款产品或是某项服务，你希望人们能够购买，那么你的行动呼吁必须具有战略意义。你要介绍你的产品或服务的功能和优点，展示它所提供的必买价值，解释他们将获得的服务或支持，额外的奖励、功能或是附加的好处。

同样，你必须运用战略故事在情感上打动你的目标受众。

例如：

- “我们与这个客户合作，他们购买了我们的服务，你看看他们现在的情况……”
- “这是他们之前遇到的问题，这是问题的解决方案，这是他们购买我们服务之后的状况。”
- “这是我们的客户购买并使用了这款产品之后的成功情况。”

你必须从情感上将他们推向销售，并且呈现一种紧迫感——立即采取行动，就在这里，就是今天。很多时候，我们并不会在行动呼吁中进行销售。我们总是简单地说“就是这样”，然后就放任不管了。我们往往不会去问：“你想怎么付款？”“我们要怎么做你才肯今天就买呢？”我们销售时会感到害怕或是不好意思，因为我们担心可能会冒犯我们的客户。我也曾亲身经历过这种犹豫，是很难，但是也很关键。请记住，这是行动呼吁，所以在结束时仅仅说“好了，那就是产品，大家看看吧，或许再考虑考虑”这样是不够的。我们现在要的是销售：“这就是我们的产品，你想要通过什么方式付款呢？”“这就是我们的服务，我们要怎么做你才肯今天就买呢？”你得要求别人购买才行。

将你的客户带入时，首先说，“我非常愿意与你合作”，然后进一步说，“我们需要做些什么才能促成我们的合作呢？”“你想一起做些什么？”“我们能做些什么来帮助你做出决定呢？”鼓励他们做出决定并采取行动——就是现在。用“今天我想与你一起做……”这句话来开始你的行动呼吁。

如果你的听众或客户已经为你的服务付费，那么下一步就是通过教授他们来给产品以价值。用“今天我想教你如何……”来开始你的行动呼吁。

为你的听众或客户提供可教的框架、公式、系统、流程、一个“如何做”的样板或是分步过程。回答如下问题：“我要怎样才能明白或是学会？”“给我一个分步的过程，这样我就能捕捉到这个想法的精髓，并且在我自己的生活中使用它。”

这是我的可教框架：

- 我应对了听众的问题，即他们遇到的危机。
- 我呈现了自己的想法——不要后退，你必须迎难而上。
- 我给出证据，说明迎难而上的方式和原因。
- 我展示了一个用比喻构建的故事，讲述为什么我们需要迎难而上，而不是一味后退，以我自己的故事为例。
- 作为行动呼吁，我给出了一个三步公式的框架，来展示如何向前发展。

三步公式

如果你和我一样，理念来自自身的经验，你是该领域的专家，并且已经成功地在自己的生活中使用过这一经验，那么你可以问问自己的内心："我采取的第一步是什么？第二步是什么？我做的第三步又是什么？"这样你就可以创建自己的三步公式了。

这可以追溯到我之前讲到过的玛丽琳·霍洛维茨的故事。她教会我如何思考和定义我从事故中迎难而上的过程，尽管我压根儿不相信我曾经历过那个过程。她的话让我明白我并不是立即就从车祸中恢复过来的。我经历过复杂、艰难的情感阶段。

我不得不在内心问自己："我做的第一件事是什么？接下来我做了什么？我在迎难而上的过程中做的第三件事是什么？"

在大多数情况下，人们意识不到自己的自然天赋。我们意识不到我们每个人都有自己的公式，自己的知识产权，直到有一天它破土而出。当你有一个理念，你认为这个理念可以解决某人的问题或减轻他人的痛点，你就可以借鉴自己的经验和研究来设计公式、分步指南或过程，供他人做出改变之用。这是你的知识产权，你可以在你的行动呼吁中教授和分享给大家。三点最易学，所以尽量将你的行动呼吁保持在三点，它们必须总能回归你的主线和你的理念。

在五点权威沟通框架的每个阶段，如果你能做到如下几点，你就成功了。

- 知道你在对谁演讲，他们的痛点是什么，他们正在经历什么。请记住，你的演讲应该是关于他们的，不是关于你的。
- 呈现清晰、强大并简洁的理念，与你的听众产生共鸣。
- 用论据支撑你的理念。
- 通过讲述故事和使用比喻与你的听众连通。
- 给予价值和可学习的框架，并大声喊出你的行动呼吁。

***

理查德·布兰森在谈到成为一名成功企业家的关键时指出，我们每个人都应该是会讲故事的人。当然，如果你的产品或理念是垃圾，那么单纯会讲故事是没用的。但是仅仅创造一款了不起的产品也是不够的，你还得弄清楚如何让人们了解它。

一旦你的故事有了一个结构，你就可以自如切换了。

第四章

如何自如地切换你的故事框架？

当你有意识地了解故事是如何到达听众耳朵和心里的，你的故事就会赢得听众。

第三章中描述的五点权威沟通框架，涵盖了从问题识别到行动呼吁的方方面面。这个框架的主要部分是故事。在你的沟通中，不管是销售陈述、主题演讲、客户推销还是对捐赠者的请求，你所说的话 70% 都需要围绕故事展开。

对于大多数演讲者来说，讲述你的故事是你沟通中最有力的元素。我们总能找到专家为我们工作。例如，你可以通过网络，在世界任何地方找到那些技术高超、经验丰富的人来做你需要完成的工作。然而，能让一个人脱颖而出的闪光点就是他们的故事。我们之所以在众多专家中选择某个人，往往是因为他们故事的力量。

切换故事框架

这是否意味着，我们必须在整个演讲或推销词中投入一个不间断的板块（70%）来分享我们的故事？并非如此。通过我自己做过的诸多演讲，我发现我们在故事中往往会不断地进行切换。我称之为切换框架（见图 4.1），它的运作系统分为三个部分：故事，和听众的关系，具体内容。

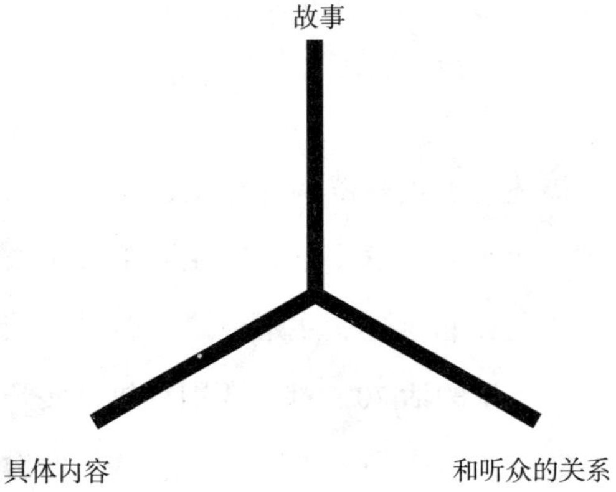

图 4.1　切换故事框架示意图

故事

不论是你的故事，还是你的产品或服务的故事，都必须是独一无二的。与此同时，它必须引人入胜，能为你的听众提供他们需要的东西。

和听众的关系

你的听众首先关心的并不是你。他们参加你的演讲、阅读你的书籍、购买你的产品或是为你的慈善机构捐款，首要原因是他们关心“于我何用”（对我来说有什么用）。他们想要为自己获取一些东西，可能是价值、信息、经验、情感或是变化。故事讲述者必须提供对听众而言有价值的内容，与他们相关并且满足他们的需求。

具体内容

在内容板块，你可以分享你的专业知识和你的可教框架。

如何切换故事框架？

那么如何使用切换框架的三部分系统进行切换呢？

- 以“曾经有一次……”开始你的故事。
- 在“和听众的关系”部分加入一行“你是不是也曾有此感觉？”，或是“这件事曾经发生在你身上吗？”，或是“你有没有经历过这个？”。

- 紧跟着是具体内容，可以是“今天我想向你分享如何……”。

在这三者之间切换，可以从任何一个顺序自由切换到另一个，从而让你有效地构建你的故事。

为了展示切换的工作原理，我用自己经历的那场车祸的故事，重点突出故事、和听众的关系以及具体内容之间的每次转换。

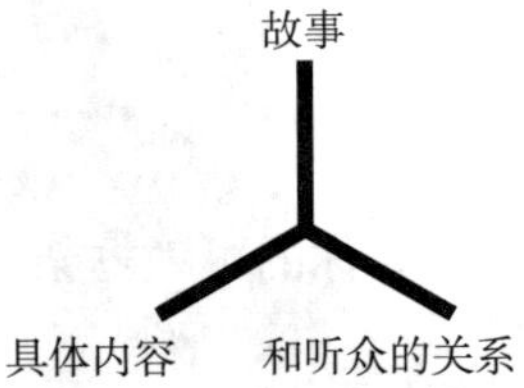

故事

几年前，我发生了一场重大车祸。是的，是我的错。我在驾驶过程中手握着方向盘却睡着了，车子转向马路的另一边，以每小时 104 公里的速度与对面的一辆半挂车相撞。那是我生命中最艰难的时期之一。

和听众的关系

你曾度过哪些艰难的时刻？和我分享一下那次的经历吧！

故事

【然后我继续展示我的故事】这就是我的那场重大危机……

	具体内容	但是后来我意识到危机也会创造机遇。有研究表明，在全球金融危机期间，澳大利亚百万富翁的数量增加了 34%。危机也会创造机遇。
	故事	在车祸后的康复期间，我意识到我需要在这次危机中找到机遇……
	和听众的关系	【提出问题】你是怎么度过危机的？你的危机带来了什么机遇？
	故事	【我继续讲述自己的经历】我在医院住了五个月，在轮椅上坐了整整一年。医生告诉我，我再也不能走路了，我的余生将在轮椅上度过。 但后来我意识到我正以一种非常深刻的方式克服车祸带给我的种种困难，实际上医生说这是一个奇迹。他们问："山姆，你是怎么做到的？你是如何度过危机的？"我意识到是我身边人的陪伴帮助了我。我神奇康复的最大原因是……

	具体内容	与积极的人为伍给了我恢复勇气的力量。我的伙伴决定了我的样子。你是否知道，有无可争辩的证据表明，你是你最亲密的五个朋友的平均。你的伙伴决定了你的样子。
	和听众的关系	我想问问大家，你们的伙伴都是谁呢？你们身边的人都是谁呢？说说看，他们是积极地影响了你，还是消极地影响了你？
	故事	当我住院并尽力克服我的困难时，我意识到我康复的主要积极因素是我的家人，我的朋友和我身边的人。
	和听众的关系	你都与哪些人为伍呢？他们是怎么影响你的呢？

我详尽地向你们展示了我的故事。在整个过程中，我一直将具体内容、和听众的关系与故事联系起来。我在这三者之间来回切换，以保证它们与我的听众相关。我并没有给出一大块故事，然后紧跟着“和听众的关系”和“具体内容”，而是在这三者之间不断转换，并且一直试图与听众建立联

系，这样我的听众就可以接收到我的信息，并且为他们自己所用。

在讲述故事时，问问自己：

- 如何能使我的故事更独特、引人注目并与听众相关？这可能也是发生在我身上的事……
- 我该如何将其带给听众？你曾经发生过这样的事吗？
- 你的学习成果是什么？我学到了这个……让我展示给你看。

***

在我开发了切换框架之后，我重新审视了自己的主题演讲，并决定改变它们的结构，所以现在我在“故事”“和听众的关系”以及“具体内容”之间来回切换。使用这个框架证明我故事中的每个关键点都有可教可学的时刻，也使得我的故事更贴近他人。一旦解决了这个问题，我便意识到为何“故事”会是我沟通中的最大王牌了。

保证故事的结构到位很重要。接下来就是要完善你的内容，练习你的方法，然后在舞台上讲述并演示你的故事。

第五章

如何打造你的故事内容？

价值如果不能解决目标受众的痛点和问题，那就不是价值。有价值的内容对你的成功至关重要。

学习如何有感染力地讲述我的故事改变了我的职业道路。作为演讲者，我曾在36个国家发表演讲，与全球各行各业的领军人物分享我的故事，包括美国前总统比尔·克林顿，英国企业家理查德·布兰森，优秀的篮球运动员迈克尔·乔丹等。我的演讲生涯开始于2005年至2006年，大概就是我发生车祸的同一时间。

整整12个月，在进行过康复训练、最终痊愈之后，我辞去了澳大利亚联邦政府的工作，投身于演讲领域，开始了专业演讲者的新职业生涯。我在教育部门担任演讲者大约四年的时间，然后决定进入企业舞台。我与悉尼的一家大型机构签约，并和家人一起从塔斯马尼亚州的朗塞斯顿搬到了悉尼。在悉尼的四年里，我从教育行业的演讲转向企业界，分享了我的韧性故事，并讲述了我在事故发生后如何触底反弹的经历。我喜欢与我的听众沟通，但是问题是高频的出差开始吞噬我的生活。有一个月，我赶了 56 趟航班。在那个月底，妻子凯特对我说："山姆，我们的家还年轻，但是你根本没有时间和我们相处，你打算怎么办？"我想把故事放在我职业生涯的中心，但是我也想在家里与凯特还有我的孩子们一起，分享所有重要的时刻。因此，2013 年，我成立了一家机构，这给了我更多与家人相处的时间，也让我可以帮助别人分享他们的故事。那家机构就是后来的演讲者研究所。

成为专家型故事讲述者的转折点是学习如何成为一名演讲者。如果你想要有所作为，成为一名演讲者是将你的信息传递给他人最快捷、最可靠的方法。

经常有人跟我说："山姆，我不想成为演讲者，但是我确实想要有所作为。"我回答说："这就像是我说我想要去纽约，但是我不想坐飞机一样。"演讲是最有力的工具，可以将你的信息、产品或是服务推向市场，以鼓励变革。这也就是为什么我们都需要学习演讲、走上舞台。

讲述故事的艺术

通过在舞台上讲述你的故事，你可以将你的真正价值置于聚光灯下并激励他人。你还可以更进一步，改变人们的思维方式，但首先你必须掌握故事讲述这门艺术的方方面面，从内容（说什么）到方法（怎么说）。我们将在第六章介绍讲述故事的最佳方法，但首先让我们看看内容构建和登台准备的几个关键方面。

请记住，重点是听众

你并不是重点！你的听众需要了解你的信息将如何助力他们的生活。“这个故事和我有什么关系？对我有什么帮助？”这在他们的脑海中是最重要的。优秀的演讲者提供的内容会让听众受益，可以是对他们有启发的灵感，可以是他们问题的解决方案，也可以是将他们暂时带出自己世界的一个故事。想想你可以为你的听众提供什么。

做好准备工作

在准备演讲内容时，你必须确切地知道你正在给谁演讲，他们将会如何回应你的演讲，他们的痛点是什么。

除了研究你的听众群体之外，你还需要了解你所做演讲的背景。在一个会议上向一群 CEO 演讲的方式当然与在学校论坛上演讲的方式有所不同，但是你还需要考虑更加微妙的差异。比如，你正在为企业家举办研讨会，你的听众主要是中小企业主。如果你以这样的问题开始："你有没有觉得你没有足够的时间陪孩子？"我就会坐直身子认真去听，因为作为一名家长，那正是我的感受。我是一个典型的小型企业主，工作时间很长，有时候会感到内疚，因为我没有足够的时间陪家人。因此，如果有人问这个问题，我一定会想："就是啊，完全没时间啊！"

在另一个背景下向不同的听众提出同样的问题，反应可能迥异。比如在一个早期儿童发展会议上，向一群留在家里照顾年幼孩子的全职家长问这个问题，他们也许会想："这个人完全不了解我现在的感受。"这个问题与他们无关。另一方面，如果你问他们类似这样的问题："你有没有想过离开你的孩子和日常琐事，就过一天专属于自己的日子？"听众可能会想："是啊，那正是我想要的！"

做好准备工作，与活动经理沟通，精准地了解你的听众群体，这样你就可以更加准确地定位演讲内容。此外，找出与你演讲有关的所有背景信息，这样你创建的内容会更加稳妥，切中要害。

考虑这些因素

我相信每个故事都应该有三个基本组成部分。

可信度：你的故事和你的分享方式必须可信。你必须展示你在该领域的专业知识，并通过故事分享来说明你是该领域的行家里手。你不仅仅是在讲道和发表意见，你是亲身经历过，所以才能在该领域展现你的可信度。例如，“在这个领域工作了 15 年之后，我……”或“在亲身经历过这件事，不是一次，而是两次之后……”

信念：为了说服听众，你必须对自己的内容、信息和产品有信心，并且怀着坚定的信念去演讲。坚定的信念表明你不仅亲身经历过一些事情，而且你确信这在当下确实是正确的。这种信念深至骨髓、发自肺腑，你深信不疑。真正的信念来自这种感觉，来自自信的力量和权威感。例如，“我深信这是唯一……”或“我绝对肯定这一点……”

真实：与听众建立信任。尊重他们，以诚实和正直的方式创造和传播你的故事。你的故事是属于你的，独一无二的，所以不要觉得你应该是谁或是应该像谁。忠于自己，忠于自己的信息。我经常说“做理直气壮的自己”。真实是不能伪造的，那是一种一致的、原始的感觉：不要担心人们的想法，完全呈现自己即可。

多问“为什么？”“什么？”以及“怎么样？”

要构建故事独特的内容，请先回答以下问题：

- 你的“为什么”是什么？（你为什么做你正在做的事情？）
- 你一生中最大的教训是什么？（那个改变你世界的时刻是什么？）
- 你在这一刻学到的最重要的教训是什么？（有什么事……？）
- 你如何让你的故事、这个教训以及你的“为什么”与他人相关？（和听众有什么关系？）

西蒙·斯涅克是《从“为什么”开始》这部国际畅销书的作者，他在2009年做过一场题为“伟大的领导者如何激励行动”的TED演讲，该演讲目前是观看量排名前十的演讲之一，也许是因为我们都想知道答案吧！在演讲中，斯涅克讨论了他的模型“黄金圈”，以及“为什么”这个问题的重要性。

更难回答的问题是：“我们为什么要做我们正在做的事情？”一个想要激励听众的演讲者必须了解他们故事中的“为

什么”，他们需要弥合做什么及如何做和“为什么”这样做之间的差距。在演讲开始时，听众可以问自己一个问题：“为什么？”等到演讲结束时，他们应该知道了为什么，或者得到了他们去回答“为什么”这个问题所需的工具或想法。

想清楚你的故事在做什么

在构思故事时，请考虑你分享的目标是什么，你希望你的听众能从中获取什么，以及它是如何构建的。

- 确定并理解你希望达到的结果。每个故事必须有一个结果，如果没有的话也就没有了分享的意义。问问自己你为什么想要或是需要分享你的故事，并且时刻铭记你想要达到的结果。
- 为你的听众提供一个有意思、有意义、有吸引力的故事。没有什么比听一个无聊的故事更糟糕的了，无聊到你会坐在那儿想：“这在讲些什么呀？有什么意义吗？和我有关系吗？”问问自己：“我的故事对于那些不认识我的人而言有意思吗？”从听众的角度来进行自我剖析：它会让你一直坐在椅子的边缘认真倾听，还是会时不时让你觉得能量下降？

- 制造紧张和期待。不是每个人都有惊人的经历可以去分享，比如在车祸中失去手臂或是被鲨鱼攻击等，但是如果计划好故事的结构，你仍然可以构建一个引人入胜的故事。我的一个朋友通过建立期待的方式，将他去当地超市的一次经历变成了让人直起身子紧张倾听的惊悚片。请记住，每个故事都有一个开头、中间和结尾，有一个去执行任务的英雄，会经历危机，最终找到或创建解决之道。故事需要紧张和期待来推动它向前发展。听众想要知道："接下来会发生什么？""你没事儿吧？""怎么解决的？""我自己的问题会解决吗？"

创造期待的方法之一就是在故事的早期引入开环，之后再慢慢关闭。也就是说，你可以在早期介绍一个概念或是一个事件，让听众有一定的时间去思考，并且在你谈论其他事情时也会一直在想你会怎么处理那个概念或是事件。随着故事的推进，你可以再多讲一些，再深入一些，但是不到最后不要讲完。你可以在演讲开始时引入两到三个开环，并在结束时关闭它们。这些循环可以像悬崖吊架一样，让听众不断想知道接下来发生的事情，从而建立一种期待感。

- 与现场的听众沟通，以便让他们与你连通。这样你们就可以通过你的故事一起进行一次难忘的旅程了。为你的听众提供一次完整的体验，或是一个出色的想法，或是一个他们终生难忘的时刻。1992年的美国总统大选辩论，后来也被称为“克林顿辩论时刻”，就是一个很棒的例子。无论你是否是比尔·克林顿的粉丝，如果你在视频网络上观看了这个“时刻”，你就会明白他是如何通过讲述自己的故事而立即与听众连通的——表现出同理心，将自己与听众置于同一情景中，给人一种“我们在一起”的感觉。

- 让听众进入你的故事，并记住你的故事。要做到这一点，你可以利用约翰·格林德和理查德·班德勒于20世纪世纪70年代首次探索的神经语言规划（NLP）中的一些策略。神经语言规划的内容之一是探讨我们与生活中各个时刻建立的潜意识联系。例如，你可能会通过一些特殊气味来记住你的小学，比如清洁产品的气味、学校午餐的气味或是背包里跑鞋的气味等。多年以后，当你进入一个房间，再次闻到同一种清洁产品的味道时，你会突然感觉好像回到了在学校的日子。演讲者可以利用听众的潜意识唤醒他们生活中的经历，从而和他们建立联系，使你的故事令人难忘。如果你触发了某个记忆，提出了某个熟悉的共享经历，你的听众将会频频点头，并感觉自己是你故事的一部分。

这么多的观点看起来似乎非常困难，但请记住一点：如果人们能从你的演讲中带走一样东西，那么你就成功了。

如果他们可以带走一个启发他们的观点或想法，让他们心生感动或是转变观点，并且准备采取行动，那么你的演讲已经取得了一定的成果。你的演讲应该旨在成功地为你的听众提供一个主要观点——不是五个，不是十个——聚焦一个就足够了。

故事开始前，让你的介绍打开局面

现在，你已经对自己的内容了然于心，准备好走上舞台了。但是在你开口说话之前，一定会有人先为你做介绍。你往往可能太专注于你的演讲，而忘记主持人会先讲话，并为你的演讲定下基调和氛围。他们会营造一种预期和势头，让你继续发挥。主持人会让听众对你感到好奇，以便让他们对你的入场充满期待。

主持人介绍你时，你希望他说什么，不希望他说什么？你肯定不希望他们透露出你的“啊哈”时刻，或是其他你本来打算自己提供的任何妙语或关键点吧？主持人对你的介绍应该将你定位为你所在领域的专家，必须凸显你的价值观、能力和信誉。主持人对你的介绍必须巧妙，每个字都埋下一个伏笔。这样的要求对于主持人而言可能太高了，所以关于你的介绍最好由你自己来主笔。

确保你的介绍中涵盖以下各个方面。

- 信誉
- 好奇心
- 预期
- 能力和优势
- 你的头衔
- 你的其他关键信息

这是一种可能的方案。

第一句话：应对问题。

第二句话：激发好奇心，留给下一位发言人来解答。

第三句话：你的名字，带有一个有力的可信度声明（加入一个数字）。不要说“在过去的数年里我们的演讲者做了这个和这个”，要尽可能具体。比如，“在过去的 13 年里我们的下一位发言人已经……”或“我们的演讲者已经在 36 个国家发表过演讲”。用具体的数据或例子可以强化你的可信度。

第四句话：另一个可信度声明，强调你在该主题上的专业和权威。

第五句话：说些有关你的有趣或是独特的事情，例如“我们的下一位演讲者有一只仿生手臂，靠他的智能手机来进行操控。女士们，先生们，让我们欢迎 ×××！”

这里是另外一种方法。

第一句话：“你的名字”和一份有力的可信度声明。

第二句话：另一个可信度声明，其中包含你在该主题上的专业知识和权威（加入一个数字）。

第三句话：你的主题及其与今日的相关性。

第四句话：一个定位性的声明，展示你的资源或是你已经做过（某事）多少次。例如“他曾上过这本杂志和这个电视节目，现在他已经写了三本关于这个主题的书了”。

第五句话：通过说些个人的事或是展示你的慈善工作来展现你人性化的一面。例如，“我们的下一位发言人已经去过三个发展中国家，为当地无家可归的孩子们建造避难所。女士们，先生们，让我们欢迎 ×××！”

让你的介绍为你服务。当你走上舞台时，听众应该已经准确地知道你是谁，他们应该会喜欢你，并且应该会满怀期待地准备迎接你将与他们分享的内容。

上台以后的关键点

一旦你站在了台上，你就得设法与听众建立相关性和亲和性。首先我会自嘲一番，之所以这么做，完全是因为澳大利亚的“仇视名人综合征”[①]。等主持人介绍完我，说：“山姆·考索恩已经撰写了六本书，去过36个国家，与众多名人名流同台，上过各种电视节目……”听众肯定会想：“哦，真的吗？这个家伙到底是谁？”

于是我就走上前去，继续说道：“非常感谢主持人，感谢你的精彩介绍，虽然是我自己写的。”

接下来你应该面对整场的听众了。就我而言，我谈到我只有一只胳膊，我再次自嘲，说我走进“二手店”，或是在赌场赌博时将整只手都放进去的情况。

建立联系：说些能够将你与听众产生联系的事。如果我在印度，而澳大利亚正在一场球类比赛中与印度较量，我就会提一些关于那场比赛的事情。或是如果我在美国，我开场时会说：“兄弟们好啊！”我会直接亮出适当的亲和性声明，然后才正式开始我的演讲。

一般来说，以下是你在内容部分应该实现的百分比分配。

---

① Tall Poppy Syndrome，又译为“高大罂粟花综合征”，是澳大利亚和新西兰的一个通行用语，用来形容一种在社群文化中集体地对某类人的批判态度，属于认识形态表达的一种方式。——译者注

- 10% 的信息应该是关于问题的。

- 5% 的信息应该是关于理念的。在大多数情况下，理念是关键主线和关键声明。在整个陈述期间，5% 的时间你应该全程提及你的关键声明。每次提及时，你要用关键声明的准确术语。我的术语是“触底反弹”或“展示故事”。我将把整个演讲的 5% 用在陈述那些关键词上——它们是我的关键主线，从而将它们固化在听众的脑海中。这也就意味着，在一场 60 分钟的演讲中，我每两分钟左右就会说出“触底反弹”这个词，或每一两分钟就会说出“展示故事”这几个字。

- 5% 是论据。通常是大众化而非特别具体的论据。不过，如果你正在与一群人（如会计师）交谈，他们可能会需要更多的证据，比如经常用图表形式呈现的论据等。

- 70% 是故事。这才是内容的主体。不过，你无须用一整块的时间来讲述这个故事。使用切换框架，你就可以看到如何在“故事”“和听众的关系”以及“具体内容”之间进行切换，然后再切换到“故事”。

- 10% 是你的行动呼吁。这可能是一个改变世界的声明，一个改变世界的时刻，或是一个改变你一生的呼唤。我们最终都想要一些史诗般的东西。用鼓舞人心的重锤完成你的演示。可能是引用的一句话、一段音乐，或是你演示文稿中的一页幻灯片。

***

这些百分比只是一个大致的指南，要永远记得，你应该依据听众来确定你演讲的结构和平衡比例。如果你的演讲听众是高管，那你应该多花时间提供论据和呼吁行动。如果你的演讲听众是中学生，那么你应该花大量时间来讲你的故事。要充分利用你的判断以及你对目标受众的研究。

这是作为演讲者内容的总体计划，是内容部分的蓝图。

第六章

展示故事的方法

别告诉我你做了什么，把它们展示给我看。

一个成功的演讲者必须熟知自己演讲的内容，以及演讲的方法。在你考虑演讲的方法之前，你必须了解你的内容，知道自己要讲什么，并且一遍又一遍地练习。否则，当你走上舞台时，你的大脑可能会专注于演讲词，这会使你感觉头晕目眩，无法与听众建立联系，也无法专注于你的方法。

掌握讲好一个故事的关键是要充分了解故事的内容，了解整个旅程的细节，包括高潮和低谷，确保你相信它，并在讲述时与故事的内容保持一致。使用强有力的方法来传递你的故事是必需的，因为只有这样才能激发情感。作为一名故事讲述者，你从事的是情感事业，所以你必须从情感上调动你的听众，从而激发转变。仅靠你的内容是无法做到这一点的，如果你要与听众产生情感关联，就必须通过你的方法来吸引听众。

想象一下，你站在一大群人面前，本就已经感觉头晕目眩，脑子里还在想着接下来你要说什么，例如“第三点是什么来着？”“故事里接下来发生了什么？”或是“我该怎么关闭那个循环来着？”说实话，那种感觉就好像你在参加一场没有复习过的考试一样。因此，你需要充分了解你的内容，确保你已经练习过多遍，然后才可以探讨方法。

演讲者必须尊重他的听众，做好准备，表现得专业而有吸引力，并充分了解周围的每一个人。当我站在听众面前时，我知道我要讲的内容，所以我就可以专注于我的方法，专注于现场听众和会场里的气氛。

陈述者和演讲者通常只需要考虑他们的内容。他们会考虑如下问题，当然这些问题也是应该考虑的。

- 我要说什么？
- 我要如何从开头、中间到结尾来架构我的演讲？
- 我要说的应该包括哪些故事？
- 我要如何确保听众与我的信息有关？

通常来说，人们95%的时间都会花在思考陈述汇报或是主旨演讲中要用到的词语上。然而，要成为一个成功的沟通者和演说家，你还必须了解演讲的方法。你需要考虑非语言沟通的方方面面，也就是说，还要考虑除了你说出的语句之外的一切。如果你想让你的听众觉得你的演讲或陈述十分重要，那么你演讲方法的技巧则至关重要。

让我们来看看非语言沟通的一些关键要素。

面部表情

脸部表情是非语言沟通最重要的方面，而眼睛则是面部表情中的关键因素。人们会看着你的眼睛，你的眼睛走到哪里，听众的眼睛也会随之移动。如果你的眼神很无聊，那么听众的眼神也会开始漂移。他们会看你的幻灯片，或是看旁边的人，抑或是开始看手机。你需要让眼神中投射出确定性和可信度，这并不是说你得一直盯着听众看。是的，有时候你需要看着他们，但是有时候你需要根据故事中的不同时刻来创造一个场景。

假设你正在展示一个关于同事的故事。当你谈起那个同事时，你就可以看向他可能站立的位置，就好像他也和你一起站在台上一样。这样的话，你就可以创造一个场景，你的听众也可以看得到，即便实际上是你独自一人站在舞台上。对信息的信念全在我们的眼中，所以尽量不要频繁眨眼，不要过度思考（你的眼神可以透露出来你是在创造内容还是在回忆内容），同时也要注意不要让眼神总是游移不定。

你使用面部肌肉的方式直接关系到你的可信度、真实性、温暖性以及可接近性。如果你在讨论严肃话题时皱起脸上的肌肉，你的表情会显得不够真实。相反，你应该让那些肌肉放松。当你分享一些具有影响力的时刻，比如给出一个引言或是细节的内容，甚至是故事中情绪比较低潮的时刻，不要使用你的面部肌肉，而是应该让你的肌肉尽可能地放松。这样才会让大家觉得你讲故事时是真诚的，你也会因此而更具可信度。当然，在演讲的某些时刻你也可以动用你的面部肌肉，比如当你兴奋的时候，或是当你故事中的能量开始上升的时候。当你讲笑话时，你可以扬起眉毛，让肌肉活动起来，对自己的笑话哈哈一笑。这种表情体现了热情、可爱、喜悦以及通常的兴奋之情。

声音

声音是非言语沟通中的一个重要因素。因为在这个语境中，我们谈论的是说话的方式，而不是我们使用的词语。因此声音也被称为“副语言”。《麦考瑞词典》将形容词“副语言的”定义为“与语言系统相关但本质上不属于语言系统的因素，如语音语调、话语频率、总体音高范围、面部表情、伴随话语等”。

停顿

关于声音的讨论也应包括沉默的使用，即停顿。停顿有助于建立预期，可以用停顿来跟随或是引导故事进入一个关键点。我们停顿的时间越长，越显得我们有智慧。杰瑞·魏斯曼被《赫芬顿邮报》称为“世界头号企业演讲教练”，他提醒我们，“停顿让听众有时间来吸收我们所说的话”。他同时警告我们：当演讲者站在听众面前时，紧张的情绪会引起肾上腺素急剧上升，从而产生时间偏差，导致演讲者讲话越来越快，以致会匆忙地略过停顿。”

放慢速度，用停顿来保持自己的优势，并且记住：我们停顿的时间越长，越显得我们有智慧。如果你听高等法院的法官讲话，你会注意到他们通常说话很慢，经常停顿，并且每次都停顿好几秒钟。不论是男性还是女性，他们的音调都相对较低。他们的聪明智慧和深思熟虑通过声音充分传达出来。再想想那些讲话匆忙、很少停顿，甚至连停下来喘口气的时间都没有，让自己的声音越来越高的演讲者，你就可以得出二者的差别了。

语调

语调是句中或是句尾的起伏，往往对你信息的传达和理解也起着决定性作用。句子结尾处的语调上升可能表明说话者有更多的话要说，这样听众就会期待接下来会听到什么，也可以表明说话者正在提问。如果句子结尾处的语调下降，那么听众就知道那是一个陈述句。如果我说完一段话，哪怕是要停顿一下，我也会以较低的语调结束。如果我还没说完，我会以较高的语调暂停，我的听众也会等待我接下来要讲的话。

这三点最易学，所以在演讲中，你可以使用三重话语，每句都有不同的语调。我朋友布兰登·布查德的三个问题就是一个很好的例子。

我活过吗?

我爱过吗?

我重要吗?

如果我说这三句话，我会在前两句的结尾使用升调，在第三句的结尾使用降调。即使最后一句话也是一个问句，我还是希望听众知道我已经说完了。我会停顿一下，让他们有时间思考我说过的话。

人们会根据我们使用语调的方式来回应我们的信息。想象一下，你正坐在飞机上，飞机沿着跑道滑行，机舱主管通过乘客广播系统说：

女士们，先生们，欢迎搭乘本次航班。

今天我们从墨尔本飞往悉尼。

如果我能做些什么使您的旅行更加舒适，请随时与我联系。

飞机起飞了，机长的声音出现在乘客广播系统中：

女士们，先生们，欢迎搭乘本次航班。

今天我们从墨尔本飞往悉尼。

如果我能做些什么使您的旅行更加舒适，请随时与我联系。

机舱主管给人的感觉是热情、开朗、有趣、平易近人，因为每句话结尾都是升调；相比之下，机长给人的感觉是拥有更多的权威和信誉——听起来就像掌舵之人。尽管机长说的话和那位友好的主管一模一样，但是句子的降调听起来好像是在暗示："我正在驾驶飞机，所以实际上，除非紧急情况，请不要打扰我。"这不仅表明是机长在负责，而且表明他们对待自己的工作很认真，我们会通过他们的语调对他们产生信任。

正如这个例子所示，语调对我们谈话和演讲所呈现的结果起着重要的作用。

强调

你还可以通过在句子中进行强调来创建不同的意义。你的听众会注意到你说的最有力的一句话。这里有一个重复了五遍的句子，每次句子的强调都落在一个不同的单词上。大声读出这些句子，强调那个粗体的词，你就会准确地听到强调是如何产生意义的。

今天是你大放异彩的日子。

今天**是**你大放异彩的日子。

今天是**你**大放异彩的日子。

今天是你大放异彩的**日子**。

今天是你**大放异彩**的日子。

节奏

如果说话者以恒定的慢速或中速的节奏连续讲 45 分钟，那么他的听众可能都睡着了。如果说话者一直快速地说话，听众可能会感觉他气喘吁吁，而且听不懂他在说什么。因此，当你说话时，试着改变你的节奏以吸引你的听众。要想听起来很兴奋或很开心，就说得快一些。在表达你的观点或是传达一个严肃的信息时，说得慢一些。在演讲过程中，要根据你演讲的内容来调整讲话的节奏，从而让听众一直参与其中。

音高

你的音高也会影响人们对你信息的反应方式。说话音高提高时，你听起来可能是兴奋的、有趣的，但是并不严肃。偶尔给人这样的印象是可以的，但是不能总是这样。用较低的音高说话，你听起来会更加严肃、智慧和体贴。

伊利诺伊州立大学的社会心理学家乔伊·程与 191 名大学生合作，开展了一项实验。她发现，通过改变音高，你可以赢得辩论并赢得听众。她和她的团队记录了学生辩论的表现，辩论的主题是“在月球上，当灾难来袭时最需要的设备是什么？”。研究小组发现，学生们在辩论开始时各种音高都有，但是如果他们在辩论中逐渐降低音高，他们就会变得越来越有说服力。辩论结束时，以较低音高发言的学生赢得了辩论。这种方法最终被证明是有效的，因为如果降低音高，你可能会更有效地成为领导者并影响他人，因为较低的音高改变了别人对你的看法。

手势

手势是你方法中的一个重要部分，它们必须与你的讲话保持一致。如果你的手势不匹配你的内容，你就会给人不真实的印象。你的手势也应该与你的眼神保持匹配。比如，你正在望向舞台上你可能提到的某人，那么你的手势也应该指向那个地方，而不是指向听众。

作为演讲者，我们需要特别注意我们在舞台上胳膊和手的动作。要保持肘部一直自然弯曲，不要将双手耷拉下来。这么做有几个原因。首先，我们通过双手沟通，如果我们没有用到双手，那意味着我们并没有进行充分的沟通，没有充分施展我们全部的影响力。当你的肘部笔直时，意味着双手位于身体两侧，那样就很难用上手了。其次，当你在舞台上讲话时，通常会有一个摄像机对着你，而镜头的框架通常是从你的腹部到你的头顶。我们通过双手沟通，受众应该能够完全看到你的双手；如果你的双手放得太低，它们就会跑出镜头拍摄的范围。还要记住，你的双手越接近你的脸，你的听众从他们的视觉范围内就越能够看见它们，因为他们的目光主要看的是你的眼睛和脸。不过切勿触摸脸部，或是将双手直接放在脸前。

说话时，你可以稍微活动双手。如果你将双手移向地板，意味着你正表达一个强烈的观点，但不要让双手低于腰部。将你的手掌略微张开，则可以表明你开明而真诚的态度。

讲话时可以移动双手，但在你的讲话暂停时，你的手势也应停止。这一点很关键，否则你会表现得言行不一。当你再次开始说话时，你又可以活动双手了，但是不要把手放回原位，这里说的原位，对大多数人而言是指覆盖腹部的位置，或是双手手指触碰在一起的位置。你只要在停顿时冻结你的手势，再次说话时开始使用手势即可。下面是一些手势及其含义。

- 手掌向外打开意味着我没有任何隐瞒。这个手势表明你是开放的、诚实的、真诚的，但是有时候它也会让人以为你好像是在恳求别人，透露出一种绝望感。

- 手掌向下给人的印象是你在告诉别人该怎么做，没有商量的余地。这是一种权威的姿态，表明说话者有权力并且正在掌权。
- 手掌竖直，也就是说，你的拇指向上，小指向下，这种手势表明你既不绝望，也不过于权威。你可以在演讲的大部分时间里安全地使用这种手势。

肢体语言和呼吸

我觉得将呼吸和肢体语言放在一起考虑比较有用，因为你呼吸的方式会帮助你如何使用你的身体。

肢体语言

肢体语言关系到你如何展示整个身体，而不仅仅是关于你的手势或面部表情。

以下是一些千万不能做的事情。

- 在舞台上来回踱步。
- 腰部以下移动，除非你故意那么做，否则最好保持腰部以下不动。

- 在舞台上交叉双腿。
- 将重心放在一条腿上，或是摇摆不定。

舞台通常是一个较大的区域，你需要好好利用它。你可以四处走动，但一定要有原因，例如你要将某个东西放置在某个特定位置或舞台上固定的地方时。

舞台上总是有“前方”“后方”之分。如果我看向现场听众，那么代表未来的“前方”就是我的左边。当我处于这个位置时，舞台的“后方”就是指我的右边。相反，对于听众来说，右边是“前方”，左边是“后方”。这是一个很大的问题，因为很多人都感到困惑。舞台上的过去是哪里？现在是哪里？未来是哪里？永远记住一点，演讲不是关于你的，而是关于听众的。记住这一点最好的办法是考虑我们书写的方式——从左到右。或者想想时钟指针转动的方式——从左到右。这些规则适用于听众，而不是演讲者。对于演讲者而言，情况正好相反。图 6.1 说明了演讲者站在舞台上的最佳方式。

演讲者很有可能会在演讲的某个时刻用坏消息来“污染”舞台。如果他们给正在讨论的事情带来消极性因素，例如糟糕的预测、缩小规模、裁员甚至是失败的个人经历，他们就需要将自己与这种消极性脱离开来，即使他们正在谈论的是他们自己的经历。

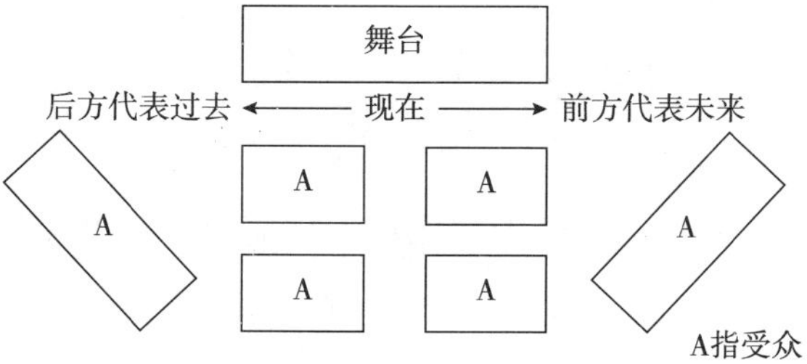

图 6.1 舞台的“前方”与“后方”

以我为例。假设我正站在舞台上，谈论上个季度糟糕的业绩。我会主导我的身体和手势向右侧移动（听众的左侧），因为那是后方，代表着过去和消极性。我会说：“是这样的，伙计们，上个月的结果很糟糕。”说到“上个月”的时候，我会指向我的右侧。“我对这些结果并不满意。”当我这样说时，我再次指向我右边的那个特定位置。我不能把言语情绪带给听众。我不能指着他们说:“各位,那些结果真糟糕啊！”

我又强调了一遍：“上个月的结果令人震惊。”我再次指向右边的那个位置。“我们可以做得更好，比这个更好。”当我说“我们”的时候，我指向听众；当我说“可以做得更好”时，我指向消极的地方，然后再说“这个”。

再举一个例子。当我谈及我的意外事故时，如果我把手放在胸口，然后说“我遭遇了一场车祸”，这个手势就表明我至今仍拥有那次经历带来的记忆，而不仅仅是多年以前。我必须将自己与这种消极性脱离开来，否则听众将无法继续与我同行。他们看着我时，总会有意识或无意识地继续想着车祸的事情。相反，当我说“多年前我遭遇了一场车祸”，我侧过身看向右边，听众也会跟着看向那边，明白虽然事情很糟糕，但是已经过去了，当我将目光收回，继续我的演讲时，他们也会收回目光，继续和我一起前行。我已经“污染”了我右边的那个地方，所以我不能再次回到那里，否则不论我接下来要说什么，都会被“污染”。

演讲者也可以调节舞台。我可以走到舞台上的某个地方，讲一个笑话，让大家哈哈一笑，随后便走开。下次我讲笑话时，还会回到同样的地方，大家哈哈一笑之后，我再次走开，继续我演讲中比较严肃的部分。我会不断地这样重复，这样我就将那个地方调节成了我的“有趣的地方”。所以在之后的演讲中，当我再次回到我已经讲过三个笑话的位置时，只要站在那儿，大家便已经开始笑了起来。没错，我已经将舞台上的那个位置调节为“有趣的位置”。喜剧演员最擅长这一点。他们在舞台上四处走动，将某个位置调节为“有趣的位置”，接下来每当他们站到那里时，听众就已经做好了笑的准备。

呼吸

站直身体，同时要看起来很自然。深呼吸，从膈肌向上通过胸部呼吸，而不只是从胸部呼吸，然后用那口气息讲话。发音和演讲教练露希尔·舒曼特·鲁宾博士解释了如何做到这一点：

让说话与你的呼吸“同步”。尝试这个数数练习，让每个逗号都有新的呼吸。1，1、2，1、2、3，一直数到10。如果这个练习对你而言很简单，试着数到15或20。最好一次只添加一个数字，这样更有利于呼吸管理。

所以，请先充分了解你的演讲内容，然后专注你的方法，最后熟练掌握二者。只有这样，你在舞台上发表的演讲才能深入人心，才能赢得人心。

关于这一点最后的提醒来自艾伦·皮斯，国际知名的肢体语言研究专家。他在谈及做强有力演讲的艺术时说：“注意不要走极端。”

***

现在你已经掌握了关于展示故事的内容和方法，让我们看看从一个普通的故事讲述者到一名杰出的故事展示者，你还需要做些什么吧！

第七章

从平凡到卓越

想要帮助听众超越自己，需要大量的、反复的练习。

我们已经了解到故事可以影响人们的行为，如果使用得当，还可以促使他们采取行动，甚至改变他们的思维方式。现在，作为演讲者，我们需要学习如何通过分享变革性的故事来做到这一点。

首先，我们需要了解的是，每个故事都必须有一个结果。这个结果可以是教育或是告知你的学生或团队，也可以是说服别人理解你的想法或购买你的产品或服务。你期望的结果也可以是激励某人以某种方式行事，而这种方式是他们在听到你的故事之前根本不会考虑的方式。

面临这么多选项，你需要清楚地了解你想要达到的结果，然后再打造你的故事。比如，你想要的结果仅仅是告知，还是为了激励？

我发现故事讲述者和故事展示者可以实现五个级别的结果（如图 7.1）。

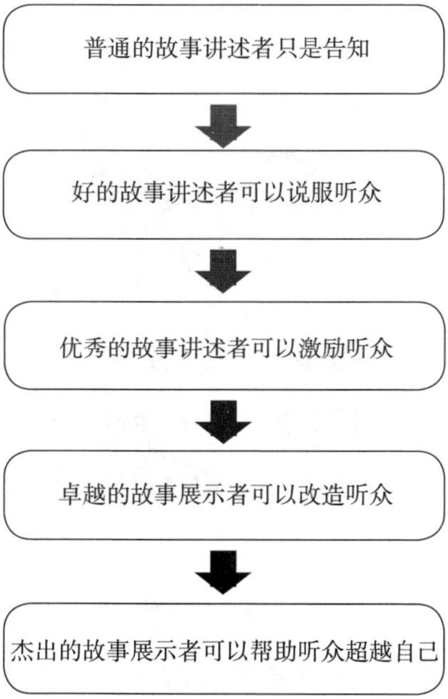

图 7.1 故事讲述者和故事展示者可实现的结果

普通的故事讲述者

我认为教育关注的主要是讲述和告知。从小学到大学，大多数教师、讲师和导师都会向学生介绍各种过程和系统，他们会提供信息，或告诉学生如何自己寻找信息。作为一个普通的故事讲述者，你的结果是教育，提供信息并与人的大脑相连。如果你想要的结果是告知，你可以提供事实，并通过你的研究分享你学到的东西。然而，通过故事来提供这些信息将有助于学生了解这些事实和研究的意义，从而更好地记住这一点。

告知别人某事是沟通的基础。然而，告知并不会说服、激励或改变他人。告知纯粹是单方面地为听众提供信息。听众需要自行提取这些信息，以确定这些信息是否与他们相关，能否帮到他们，能否为他们的情况增加价值。

普通的故事讲述者不会关心信息是如何被听众接收的，他们的目的仅仅是告知听众，让听众自己决定如何使用信息。

好的故事讲述者

好的故事讲述者会说服他的听众。销售人员所接受的培训就是先用故事来告知，然后说服潜在客户购买他们的产品或服务。销售培训通常在开始时给销售团队提供他们说服别人所需的工具，结尾时也是如此。销售中的故事讲述者会告诉你产品的好处或特点，讲述一个产品如何能够帮到你的故事，然后试图说服你拿出钱去购买，或是拿出笔去签约。

作为一个好的故事讲述者，你会试图说服别人做某事，但是并不会总是成功。一个好的故事讲述者可能会试图说服某人相信他们所相信的东西，但是那往往并不够，对方不一定会采纳你的建议，当然也就不会采取行动。

优秀的故事讲述者

通过讲述我们自己的旅程或想法，我们的故事可以产生力量，激励他人，这就是优秀的故事讲述者的作用。大多数人认为激励他人是故事的最终结果。许多领导者、演讲者、营销人员和销售人员都学习过故事讲述的工作原理，明白应该利用故事与他人建立联系。我相信，他们中的大多数人都被告知他们可以通过故事来告知他人、说服他人或是激励他人。没错，如果我们可以用故事激励客户、学生或任何受众，我们就是优秀的故事讲述者。然而，激励的灵感往往并不总是能带来行动。

如果故事讲述者所希望的结果是激励他人采取行动，那么他们就不能只满足于好或优秀，因为灵感可以提供洞察力，感动受众，但是并不一定能让他们采取行动。罗伯特·麦基提醒我们，当讲述一个鼓舞人心的故事时：如果你说的话生动逼真，给人以真实的印象，他们会受到鼓舞，但是那并不意味着他们产生了情感，也不意味着他们同意采取行动或是会采取行动，因为他们可以坐下来说，“哦，这太鼓舞人心了”，然后什么也不做。

我的女儿十几岁时，有一次受到鼓舞，决定成为 24 小时的素食主义者。原因是她学校的老师给学生们讲了动物福利和地球健康的故事，还讲到他们可以在保护自然生态环境中所起的作用。学生们受到启发，纷纷讨论他们可以帮些什么忙。我女儿很热衷于动物福利和保护环境，有一天回家时她对我说：“爸爸，我再也不吃肉了。”

“为什么呀？”我问她。

“因为我在学校看了一部有关动物受到虐待的视频，我现在再也不想吃肉了。”

我回答说：“好的，我尊重你的意愿。”我们当晚给她做了一顿素餐，准备支持她的决定。

但在 24 小时后，她又开始吃肉了。

看完视频之后，她确实受到了足够的激励，让她做出了一个短暂的承诺，不过仅此而已。那个激励并没有引发一个大胆且持久的行动。那个视频向她讲述了一个故事，告诉她一些事实，留给她一些印象，但是印象并没有深刻到可以让她彻底改变自己的整个饮食习惯。老师做到了告知、说服和激励，所以我的女儿和她的同学愿意考虑这个问题，但是那不足以改变或消除他们根深蒂固的信念或实践。激励某人并不足以让他们彻底改变。

只有当你真正展示故事时，当别人可以步入现场，动用他们所有的感官去体验时，改变才有可能真正发生。我将女儿的故事告诉我的一个朋友，她说当她像我女儿那么大时，她脑中也知道自己不应该吃肉，因为她喜欢动物，但是那也没有阻止她享受周日的美味烤肉。直到有一天，学校组织游览卖牛场，她亲眼看到那些牛，听到那些牛的叫声，闻着它们的味道，她的感官受到巨大的冲击。在那之前，她只是听说了一些动物的情况。她一度看到现场真实的样子，用心和感情做出了回应，那次经历彻底转变了她的思维方式和饮食习惯。她当天就停止了吃肉，那已经是半辈子以前的事了，一直到今天仍然如此。

告知、说服和激励的结果是一回事，展示的结果又是另一回事，二者有很大的差别。行动来自转变，而这正是卓越的故事展示者的作用。

卓越的故事展示者

卓越的故事展示者将通过完美的展示深深吸引目标受众。他们能将你带入一个场景，与你的情感发生关联，并激活你的感官。他们会让你感觉你就在那儿，就站在他们的旁边，看着、听着有时甚至闻着他们正在经历的事情。卓越的故事展示者不仅通过大脑与受众相连，还通过内心与受众相连。一个卓越的故事展示者将为你提供透过他们的镜头直接体验的经历。

只有当故事展示者能够吸引我们的情感、感官、心灵、想象力、好奇心以及信任时，才能转变我们的思考方式。《麦考瑞词典》将"转变"定义为："外观、条件、本质或特征的改变，特别是完全的、广泛的改变。"要想对一个人的思维方式或对某个观点和产品的认知带来巨大的改变，必须使用强有力的方法才行。

至少，我们自己得成为一名卓越的故事展示者。当然，要做到这一点，我们必须先告知、说服和激励。只有那时，才能激发我们期望结果所需的转变。作为一名卓越的故事展示者，你可以通过你的故事转变你的受众。你也可以激励他们采取行动，甚至有可能改善他们生活中的某些部分，让他们改头换面，不同以往。

无论我们是销售产品、服务，还是要传递信息；无论我们是团队领导，抑或是老师、企业家，我们都必须致力于创造转变的机会。在所有的交流互动中，我们必须寻找通过故事转变人们的方法，这样他们就可以从不同的角度看待事物，准备好并同意采取行动。当我帮助转变一个人的思维方式，让他们接受一个新的或不同的视角，从而对生活做出积极改变时，那种感觉是非常美好的，值得永远铭记。分享你的故事可以帮助别人克服他们的困难，帮助他们感觉还可以到爱和被爱，并帮助他们找到归属感。想想我在日本演讲时的那个女性听众吧！听了我的个人故事，她对自己的情况有了新的看法，她有了再次活下去的希望。卓越的故事展示者有着强大的能量，因为你可以转变人们的观点和态度，你可以在这个世界有所作为。

杰出的故事展示者

杰出的故事展示者分享故事的方式会让受众超越他们当前的思维方式，让他们连接一种全新的观点。一名卓越的故事展示者分享经验或故事的方式会让作为受众的你直接进入他们的世界。当你完全沉浸在他们向你展示的故事中时，你会忘记自己的时间，忘记自己的问题以及周遭的一切，就好像故事展示者将你带出了你的世界，带入了他们的世界。而杰出的故事展示者则为受众提供了一种灵魂出窍般的体验——一种不受时间影响的永恒体验。

想想你看过的最棒的一部电影，或是读过的最棒的一本书。在你看或是读的时候，时间是不是被改变，甚至是静止了？你不会去思考，而只是接受，你已完全沉浸在电影或小说之中。读《哈利·波特》时，你是不是觉得自己也在霍格沃茨，和哈利·波特在一起？看电影《爱乐之城》的时候，你有没有觉得自己也在和塞巴斯蒂安还有米娅一起共舞？你有没有特别投入一场演讲、一本书或一部电影，以至你觉察不到时间的流逝，也不会时不时拿出手机来查看信息？相反，你可以看到、听到、感受到那个演讲者、演员或作者正在给你展示的东西。那就是杰出的故事展示者的力量。

关于这一点游戏行业做得特别出色。当你玩游戏时，你往往恍恍惚惚，不知不觉就玩了好几个小时，完全忘却了真实的世界。你忘记了看时间，忘记了饥饿，你不会停下来，或是中断你的专注力去想那天晚上或是第二天要做些什么。你全身心投入彼时彼刻。

我也曾经历过类似这样灵魂出窍般的时刻。那次，我的朋友尤奚·金柏格分享了他的故事。当他在台上放声演讲时，他将我带出了我的生活，带入了他的奇妙历险中。我坐在座位边缘，聚精会神地倾听，陶醉其中不能自拔。我们曾数次在同一场合发言，所以我已经听过好几遍他的故事，但是每次再听时，他仍能让我的时间停止。尤奚在亚马孙丛林中迷失了方向，孤身一人度过了三个星期。他和同行的旅伴走散了，没有任何补给，好几次差点淹死，还受到红蚁的攻击，双脚几乎被霉菌吞噬。我不在这里给你讲他的故事，你可以读读他的书《迷走亚马逊》（*Lost in the Jungle*），也可以在视频网站上看他的故事。我想很有可能你也会有和我每次听到他故事时同样的感受。

***

最棒的故事展示者可以给受众一个永恒的时刻。不论是在纸上、电影屏幕上、网站上、会议中还是在受众面前，只有当你已经创建了实现结果的内容，掌握了如何传递内容的各个方面，你才有可能做到这一点。只有当你完善了你的内容，你说话的方式，包括你的语调、面部表情、肢体语言甚至呼吸，你才有可能给你的受众静止的时刻。每一个词、每一个手势、每一个停顿和画面都必须战略性地安排妥当。这会涉及感官和情感，只有当你能游刃有余地掌控它们时，你才能给你的受众一种永恒感和灵魂出窍般的经历。当你掌握了这些技能，你就可以号召人们去行动，或是改变他们的思维方式。

第八章

推动演讲业改变的四大因素

成为一名专业的演讲者，是故事展示者的转折点。

自 2010 年起，我和同事们一直在研究世界各个角落的演讲行业，不仅包括美国国家演讲者协会年度活动上的 2 000 名专业演讲者，还包括亚洲这个目前正在蓬勃发展的全球最热门的演讲市场。

我们采访了世界各地演讲机构的董事和专业会议组织者。我们倾听了人力资源经理和活动经理与我们分享的趋势，并与演讲经纪人以及全球最受欢迎的一些专业演讲者建立了联系。在此期间，我访问了 22 个国家，发表了多场主题演讲，并与行业领袖和听众代表进行了交谈。我一直在问："有什么变化？你认为演讲者的未来是什么？有哪些破坏性因素？"

现在我可以和大家分享我眼中这个价值超过 400 亿美元的国际演讲业的破坏因素了。

回应当下

很长一段时间以来，优秀的专业演讲者都能够提前很久安排好各方的邀请，年复一年，有时候甚至会被同一个客户反复预约。如今，企业界发生了前所未有的变化，演讲者必须迅速做出反应，确保能够得到演讲的邀约。这告诉我们，客户再也不想在几年内听到同样的演讲了——他们甚至可能不再考虑邀请同一个人在未来发言。

现在，专业演讲者必须确定哪些话题对于今天的特定受众而言是重要的，并立即回应他们。问问自己："这些人眼前的问题和痛点是什么？"比如，"9・11 事件"刚过，金融界邀请最多的演讲者就是那些专门讨论伦理和诚信问题的人。

作为演讲者、思想领袖和专家，必须知道如何应对经济、政治以及我们生活的方方面面正在发生的变化，这将有助于现在和将来获得演讲机会。我们的营销和沟通必须反映我们周围的动态，并表明我们正处于当前变化和趋势的最前沿。

我的一个演讲者朋友读到一篇新闻，新闻中说南澳大利亚阿德莱德的一家大型汽车制造厂即将倒闭。他立刻做出回应，通过电话随访，加上一个量身定制的营销视频，向公司经理伸出援助之手，展示了他在危机管理和员工裁员方面的专长。结果，他赢得了这家汽车制造厂 10 万美元的演讲和教练合同。

在当今的市场中，对正在发生的事情迅速做出反应，并处于当前趋势和变化的前沿，势在必行。

TED 的影响

TED 和 TEDx 事件对演讲业产生了巨大影响，它们带来的一个重要变化是人们对演讲的预期持续时间越来越短。因为听众的注意力广度越来越短。来自微软加拿大的《消费者洞察》告诉我们，2000 年时，人们的平均注意力持续时间是 12 秒；2013 年时平均注意力持续时间是 8 秒。（顺便说一下，金鱼的平均注意力持续时间是 9 秒。）

传统意义上讲，在会议期间，一个主旨演讲者会讲一个小时甚至 90 分钟之久。自从 TED 演讲在流行舞台和商业舞台上出现后，听众们认为演讲者在 18 分钟之内就可以表达一个想法、概念和灵感。演讲者可能仍然认为演讲的时间越长越有价值，然而 TED 风格的演讲将会继续影响整个会议行业，演讲者会发现别人会要求他们做 45 分钟或是 30 分钟的主旨发言。最近，我被要求做一个 15 分钟的主题演讲，为此会议组织者还安排我飞到世界的另一端。

这就提醒我们，我们必须以一种简短、尖锐和准确的方式来展示我们的故事。当我们充分展示故事时，听众才更有可能捕捉到我们的信息。因此，学习成为一个优秀的故事展示者势在必行。

演讲者类型的转变

演讲者类型的变化要求我们提升自己的能力，成为一个适应于任何人任何事的万事通。

过去，付费的主旨发言人往往被视为专门人才，局限于那些拥有最非凡故事或拥有教授、名人的专业知识和信誉的人。如今，越来越多的人想成为演讲者，分享重要但是也许并不那么精彩的故事。与此同时，会议业对于高质量的内容和增值演讲者的需求也是空前的。因此，每个演讲者都必须提高自己的业务水平。听众希望听到有用的、相关的、有价值的内容，这些内容能够很好地被传达，并有助于缓解他们的问题。他们希望演讲者具有可教的框架和循序渐进的最佳实践指南，希望获得切实可行的重点，以便他们可以立即采取行动并进行分享。

此外，我们的受众还想要灵感要素，即与他们的情感相连的故事，激励他们朝可能的方向前进。他们希望演讲者为他们提供工具和策略，但是他们也希望演讲者能与他们的心灵和思想相通。他们希望演讲者聪明、幽默、机智、热情、魅力十足并且要有脆弱的一面。

为了满足受众越来越多的期望，演讲者再也不能停留在平淡地讲述自己的故事层面了。他们必须充分地展示自己的故事，并带领大家一起踏上旅程。

“半机器人”的兴起

亲爱的演讲者，你是否意识到你的听众现在都是“半机器人”？没错，一半是人类，一半是机器。你可以想想我们中有多少人睡觉时将手机放在伸手可及的地方，我们的移动设备是不是全天候从来都不离开我们身边？我们每天走来走去，口袋里带着几乎整个世界的知识。我们与“半机器人”沟通，我们自己也是“半机器人”。

如今的演讲者必须明白，在你走上演讲台之前，你的听众就已经对你了如指掌了。他们已经在谷歌上对你进行了研究，查阅了你的信息和你的公司。他们查看了你的 Facebook 帖子和你的个人资料，并浏览了你最近的推文，而这一切都发生在过去的五分钟之内。不仅如此，他们还做了额外的功课，了解了别人对你的看法。他们做这样的尽职调查往往是要决定他们是否愿意继续听你的演讲。谁也没有时间全程待着听一个沉闷的或是与他们生活无关的演讲。

接下来，他们决定了要听你的演讲，但是在你发言的时候他们会发推文。最近我参加了一个活动，当时演讲者正在发言，屏幕上也正现场直播推特的推送。有一个演讲者水平一般，立马就有一些批评演讲者的推文发送到屏幕上，就在演讲者的身边。这无论对演讲者还是房间里的气氛都没有任何好处，我立即去了转播台，要求他们关掉了现场直播。

我们生活在一个独特的时代,每个人的意见都能被听到。这就是为什么我们需要不断提供新鲜的内容，不断升级和更新我们的信息以及我们可以为听众提供的内容。作为演讲者，我们必须提供相关且最新的信息和故事、展望未来的信息和故事，以及可以激励并能够改变一个人观点和信念的信息和故事。我们再也不能仅仅是在演讲中告诉人们该做些什么，我们必须充分展示给他们看，并回应他们的需求。

***

演讲业已经发生了变化，并且仍在不断变化。那些想要演讲并在自己所选领域处于领先地位的人必须与行业所需的内容和前进的方向保持一致。变化是不可避免的，但是是否发展则是可以选择的。

第九章

故事的未来

我们不是销售人员，我们是故事讲述者，我们邀请对桌的人加入我们，成为故事的一部分，他们可以和我们一起，共同续写故事的下一章。

——丹尼尔·费里恩，“谢谢你”公司（Thankyou）联合创始人

“不论是在职业生涯还是个人生活中，我们每天都能看到、听到和用到故事。我们都有各自的故事，也有可以彼此分享的故事。我们还有公司的故事，希望员工和客户能够了解，从而与我们建立联系。然而，我们并没有充分意识到故事能带给我们的可能性。

故事的未来正是如今的社会和企业孜孜以求的。许多慈善机构和前沿的社交商业企业正在向我们证明，分享产品生命周期的故事或是邀请他人成为故事的一部分，可以激发忠诚度和品牌认知度，并形成一个有益的循环。

我们总是将真实的故事放在沟通的核心，我们更愿意成为人们讲述自己故事的平台。成千上万的人每天都在面对面沟通，或是在我们的在线社区和社交媒体上这样做……

正如麦克米伦癌症支持品牌（麦克米伦癌症支持是英国

最大的慈善机构之一，被列入英国十大故事品牌）负责人艾利森·桑德斯解释的那样，他们用真人真事来有效地吸引潜在的捐赠者。慈善机构、社会企业以及道德驱动的公司和组织正在以最有效和最具创造性的方式使用故事，来与受众建立联系。这就是为什么当我们讨论如何讲好一个故事时，我们会先看一些非凡的故事，看看他们是如何做的。

约翰·伍德的故事

几年前，在美国的圣迭戈，我和一个友好且不张扬的人同台，他帮助改变了全球上千万儿童的生活。在 20 世纪 90 年代，约翰·伍德是时任微软大中华区业务发展总监，那是一项成就感很高但是要求也很高的工作，所以约翰打算休息一下，去尼泊尔徒步旅行。在当地的一个小村子里，他被邀请参观一所小学，这所学校几乎就是靠一些慈善捐赠运行着。接待他的人给他展示完教室后，说要带他去图书馆。作为一个热心读者，约翰很兴奋，但是他的兴奋很快就变成了沮丧，因为那个所谓的图书馆就是一个房间，里面几乎一本书都没有。约翰承诺说他一定会带书回来，填满这个房间。他说到做到。约翰和父亲伍迪还有当地的一些人，牵着八只装满捐赠书籍的驴子，沿着冰冷的马西扬河河岸上游，穿过数个狭窄、摇摇晃晃的小桥，把书送到了那所小学里。

我们见面时，约翰给了我一本他的自传《离开微软 改变世界》。我们可以在书中读到约翰的神奇经历，包括那所小学如何让他做出决定，在35岁时离开微软，成立“阅读空间”这个慈善机构。“阅读空间”现在已经是一个世界领先的非营利组织，通过为发展中国家的儿童开展切实有效的计划鼓励扫盲和平等。

约翰·伍德了解故事的力量，通过充分展示故事可以让别人做出回应、采取行动，并进行分享。“阅读空间”完全依靠捐赠，因此约翰游遍了美国和其他国家，通过分享那些因为学校里的书籍和扫盲项目生活得到改变的孩子们的故事，鼓励人们去给予。约翰用幻灯片展示了孩子们的样子，这样潜在的捐赠者可以确切地看到谁将因为他们的贡献而受益。捐赠者看到的是每个孩子或班级的照片，而非关于识字率的图表或事实清单，这可以让他们与真实的人建立联系。约翰还分享了自己的故事。在他的书中，约翰写到2003年在硅谷举办的一场筹款活动，其中故事所带来的行动远远超出了他的想象。在活动开始之前，主办方对他说：“如果你的幻灯片和演讲足够好的话，你可以从这群人中轻松筹到2万或是3万美元。”

约翰跟我说：“我们想为柬埔寨的‘阅读空间’筹集资金，

为女孩子提供奖学金。”他分享了他的故事以及将从奖学金中受益的女孩们的照片，希望能筹集到3万美元，结果在当晚活动结束之前就已筹集到15万美元的捐款。那群为数不多却异常富有的听众在看到谁将因他们的捐助而获益时受到触动，在听到约翰的故事后对他产生了信任，所以很快便采取了行动。

约翰展示了他的故事，分享了故事中的低潮和高潮，此时他并非故事中的英雄，而是推动“阅读空间”发展的动力。

《另一种智慧》（*The Other Kind of Smart*）一书的作者哈维·得奇道夫解释了如何能够做到分享你的经历，为读者提供一种真正与你联系的方式，而又不显得自命不凡。

故事讲述者过去经历过的挣扎、失败和挫折是很好的资源，可以帮助讲述者与受众产生联系，因为每个人都曾经历过这些，这些故事会让讲述者显得更加人性化，更像是受众中的一员。

和许多优秀的故事讲述者一样，约翰·伍德明白，人们希望与别人建立联系，这个纽带正是那些他们可以在照片中看到，或是可以通过个人经历遇到的人。黛博拉·斯摩和乔治·洛温斯坦曾做过一项有名的研究，研究的内容是促使人们捐赠的因素。他们研究发现，“慈善机构努力筹集资金养活第三世界国家成千上万的饥饿儿童，而人们却往往被某些特定的、可识别的受害者吸引”。

慈善机构或社会企业杰出的故事讲述者将会做到：

- 即使问题很复杂，也要提供一条清晰、简单的信息。
- 真实、真诚、真挚。
- 使用能够吸引听众情绪的语言。
- 明确陈述的问题、冲突或阻碍。
- 介绍人物：英雄或受益者，以及支持他们的导师。
- 即便是最简短的故事，也要构建开头、中间和结尾。
- 制造紧张和期待。
- 帮助听众（潜在的捐赠者、支持者或客户）置身于场景之中，置身于故事之中。
- 解决“故事和听众的关系”问题——给予听众一些东西，也向他们索取一些东西。
- 做出行动号召。
- 考虑故事的长度——故事可以像推文、段落或是两分钟的视频剪辑一样短。
- 请记住，受益者和潜在的捐助者才是重点，而不是慈善机构或企业本身。

任何组织、商业或产品的故事展示者同样可以参照以上几点。

“新故事”网站主页上的一个视频片段就是将所有这些行动有效结合在一起的一个突出例子。当你浏览这个网站时，你可能会想要去捐款。它以受益者的照片开始，同时伴随着来自发展中国家的某位受益者陈述问题的声音：她需要一所房子。接下来她又用非常简单却引人入胜的语言阐述了这一点。

接着一个可能是“新故事”工作人员的声音问道：“想象一下住在这里。”我立刻就有了现场感，和大家一起思考，如果没有地方住的话我该如何应对。

与行动呼吁相伴的是“他们应该拥有……更加美好的未来的基础。帮助我们一起建立这个基础吧！会见一家人，资助一座房，让我们携手见证生命从此改变”。

这个完整而引人注目的故事讲述时间为 88.2 秒，它很真实、真挚而且简单。

“新故事”成立于 2015 年，是一家位于旧金山的非营利组织，旨在“建立安全的家园，将贫民窟变为繁荣的社区”。他们相信，“当你付出时，你应该确切地知道你在帮助谁，钱去了哪里”。有趣的是，来自“阅读空间”的约翰·伍德也是“新故事”的董事会成员。在他看来，展示故事的力量如果用得好，可以改变生命。

我的好朋友丹尼尔·费里恩是澳大利亚“谢谢你”这家公司的联合创始人，他也是一位优秀的故事展示者。如果没有令人信服的故事，他怎么能说服人们去买水呢？

自从2008年创立起来，“谢谢你”一直将100%的利润用于帮助发展中国家的社区改善水和卫生需求的项目，以及提供免疫计划，等等。丹尼尔和我讨论了他和他的同事用故事来建立“谢谢你”的形象和影响力的方式，并邀请其他人成为他们故事的一部分。

“谢谢你”的故事——丹尼尔·费里恩

我们发现，在“谢谢你”，为了成功地讲述我们想要改变世界的故事，我们必须开诚布公，让人们看到我们脆弱的一面，既有高潮也有低谷。我受到启发，去讲述真实的故事，不会回避真相。我向他们展示完整的我，包括我的伤疤。

我们讲故事的方法是保持人性化，保持故事的脆弱和真实。此外，我们还拥有超越讲故事的秘密武器：在过去的几年里，我们一直在邀请人们成为我们故事的一部分。

最重要的突破时刻来自我们开展的主要活动。这些活动依赖于我们对故事的讲述和展示。在我们发展的第三年，我们说："目前我们已经走了这么远，这些是我们迄今所取得的成就。但是我们梦想进一步发展。我们需要您的加入，帮助我们撰写下一个篇章。"听到我们的故事，人们纷纷加入我们，让我们的产品进入主要食物链的活动是非常成功的。

我们邀请人们成为我们故事的一部分，因为人们都希望参与更大的事情。我认为这就是"谢谢你"产品的吸引力。你买一盒麦片或给孩子穿上一个纸尿裤，你就可以为这个世界做出一点儿贡献。你已经成为新的消费方式的一部分，成为帮助变革社区的一员。

2016 年我们推出了新书《第一章》（*Chapter One*），我们真的是在说："这只是我们故事的第一章，这是我们所学到的一切，为了帮助你和你的旅程，帮助你去学你所能学到的。"《第一章》的收入将会资助下一本书《第二章》（*Chapter Two*）。当我们买书时，我们通常只扮演读者的角色，但是在"谢谢你"的故事中，读者的角色就像共同作者，因为他们资助了未来，他们成为"谢谢你"下一阶段的一部分。

我们相信人们愿意听故事，但是更重要的是，他们希望成为故事的一部分。这正是我们在"谢谢你"所做的。通过我们的演讲，通过我们的书，通过我们的每一次互动，分享我们的故事，并邀请其他人加入。我告诉销售团队："我们不是销售人员，我们是故事讲述者，我们邀请对桌的人加入我们，成为故事的一部分，他们可以和我们一起，共同续写故事的下一章。”

我和“谢谢你”的故事开始于我 19 岁时，那一刻改变了我的一切。我坐在电脑前，观看孩子们去井边为家人打水的故事。统计数据告诉我，每天有 4 500 名儿童因为水源性疾病死亡。但是真正让我惊讶的不是这些数据，而是看着孩子们谈论他们失去的兄弟姐妹，这对我来说是不正常的。我坐在那里想：“这太不正常了，这一切竟然正发生在我们的世界。”而我们还拥有一个如今已价值超过 1 000 亿美元的瓶装水行业。这就是我的故事的开始。

《第一章》这本书既是一个组织的故事，也是一个非常个人的反思。我并不是说这是我自己的故事，但是我确实深度参与其中。人们首先认可你，然后才认可你做的事情。在“谢谢你”，我担任了首席故事讲述者的角色，并且非常个性化。人们喜欢这些活动，他们热爱我们的营销，但最重要的是他们对我的人性旅程非常着迷。在每个论坛上，不论是在会议室里推销我们的产品，还是在几千人的会场中，我都没有两个面孔或是两个故事。我总是讲述我个人的故事。如果《第一章》只是一个企业的故事，那么我们可能只能卖出现在销量的 1%。相反，《第一章》是一个个人的故事，所以人们才会回应它。

我认为，故事讲述的未来，应该是某个社区，比如客户和支持者社区，一起来书写故事，而不仅仅是听到另一个好故事。仅仅只是受到启发是不够的，一个故事必须邀请人们参与或是让他们采取进一步的行动。个人、企业和大品牌不能仅仅是讲述个人或是企业的故事。现在，我们必须为我们所接触的人和听我们讲话的人找到一种方法，将他们自己的故事编织到我们的故事之中。那个时候故事才真正变得强大起来。

***

今天的故事不应只是停留在讲述，而应是充分展示、分享和参与，这是每个领导者、演讲者和营销人员应该注意的关键所在。激发受众的参与，邀请你的客户成为故事的一部分，与你一起续写下一篇章。让你的受众与你一起进入故事之中。

第十章

展示故事，而不仅仅是讲述

你的故事无须令人震惊或是让人拍案而起，但是必须驱动听众产生情绪反应。

在这个纷扰的时代，要让你的故事为你工作，以确保其他人轻松捕捉到你的信息。我们被各种信息和媒体包围，它们都在争夺我们的注意力，所以我们会被最迷人和最有用的那些事物吸引，而无视其他。不要和客户或同事讲一些无聊的事情，那样不会激发他们的情绪共鸣，只能被遗忘，你也会错失一次与他们建立联系的机会。要脱颖而出，你必须分享一个能够为你的受众提供一些信息的故事，并将他们带上一段旅程，这样他们就会接受你的信息并开始分享。因为，最终，一个故事的主要结果之一应该是其他人听过你的故事之后，将这个故事视作自己的故事并进行分享。

如果你想提供最强大、最具变革性的故事，那么我相信你必须展示它，而不是讲述它。我们必须成为故事展示者，而非故事讲述者。

讲述提供信息，与我们的头脑相连，有时候也是必不可少的。如果我向财务部门演示进度报告，我会提供数据、图表和事实。但是如果我想激励我的同事们做得更好或是改变他们的思维方式，我同样会告诉他们这些事实，但是还会通过一个故事展示给他们看我们为什么需要改变或者做些不同的事情。我会将信息穿插其中，以吸引他们的情绪。例如：在 2015—2016 财政年度，我们的业绩下降了 5%。怎样才能改善？100 多年来，我们从国内的一个小作坊开始，一直在为我们的客户提供更高的质量和更优的服务，在座的每个人都是这个传统的一部分……

我将在告诉他们事实和展示故事之间切换，并在最后与他们分享我们要如何做才能共同提高公司的业绩。

展示故事可以将演讲者和受众更加紧密地联结在一起。如果我说："来，让我给你看看这个。"你是不是可以想象两个人靠得很近来看或是听什么东西？"我展示给你看吧？"这话里透露着一种亲密感。受众进入故事之中，仿佛与故事中的英雄并肩站立，他们经历的好事或坏事，我们也共同经历着。通过这种方式，故事展示者吸引了我们所有的感官：我们看着、听着、感受着，有时候我们甚至会想象自己可以触摸或是闻到故事中发生的事情。正是因为展示给了作为受众的我们在故事中的独立空间，所以我们可以沉浸其中，做出我们自己的阐释并参与其中。展示通常意味着你要提供更多的细节，你向受众展示周围环境的样子，分享英雄的感受，并开始通过英雄或故事展示者的视角来看待故事。当你展示故事时，你会邀请受众成为参与者和见证人，他们可以决定他们想要关注什么。

相比之下，讲述就像报告，它暗示着“我会告诉你我认为你需要知道的事情”。讲述使受众变得被动，我们并没有和故事讲述者一起去探索、去发现，而是被告知一些他们已经知道的事情。告知让我们保持一臂之遥的距离，感觉就是“我会告诉你我所知道的”。它不会让受众进入英雄的世界或进入他们的思想，所以受众怎么才能与他们建立同理心呢？没有那种联系，我们又怎么会去关心故事中的英雄、产品或服务，甚至关心给我们讲故事的那个人呢？

除非一个故事能够建立共情和激发参与感，并吸引我们的心灵和头脑，否则它不会改变我们的思考方式或是引导我们采取行动。

下面我来给大家讲一个故事，看看你读完之后是什么感受。

讲述故事

毕业后不久，我在霍巴特的一家商店担任保安一职。我得处理很多事，其中一件就是负责店里的安全。一天，一群人走了进来，其中一个人偷了一些东西，然后跑了出去。我一直追着他，直到他在路上绊倒了，我才追上他。他把偷的东西交给了我，我们聊了聊。我说我不会指控他，但是他真的应该好好想想他这一生要做些什么。多年后，我在霍巴特的另一家商店买东西时，他来到我的面前，对我说我是如何帮助并改变了他的一生的。他现在是我购物的那家商店的副经理。

还是这个故事，下面让我来给大家展示一下。

展示故事

我毕业后的第一份工作是在澳大利亚塔斯马尼亚州霍巴特的一家家居用品商店上班。那家店位于镇中心，我负责商店的安保工作，因此每当有任何形迹可疑的人走进来，其他工作人员都会在对讲机上喊出“黑色代码”，那是我的代码，也是我采取行动的信号。

那是个特殊的日子，五个人走了进来，他们看起来鬼鬼祟祟的。那天天很热，他们却还穿着夹克。都是些年轻人，我们可以感觉到他们不是善茬儿。我接到对讲机上传来的“黑色代码”，立即冲到一楼，看到他们还在闲逛。我看到其中一个人从货架上拿起几件东西，迅速塞进夹克。其中四个人就站在门边，突然那个拿了东西的第五个人快速跑了出去。我心想，我一定得追上他。

所以我就追了出去，沿着霍巴特购物中心一路追他，穿过商场，追到马路对面。他跑得很快，但是突然绊倒了。我追上了他，他僵在那里，动弹不得。他的脸涨得通红，看得出来他非常尴尬。他还很年轻，也就十五六岁的样子。我对他说：“嘿，哥们儿，这就是你想要过的生活吗？”

他沉默不语，但他把偷来的东西递给了我。我说：“这样吧，我们不会提出指控，但你得走上正道才行。你可以做得更好的。”我和他说，“哥们儿，你一定可以做得更好的，我相信你，我相信你一定能行。”

后来我们就分手了。

大约十年后，我又回到霍巴特，和我的家人在一家百货商店里闲逛。有个人走了过来，拍了拍我的肩膀。我回头看着他，并确认不认识他。他穿着一套西装，看起来很睿智。他问我：“您是那个多年前曾在一家家居用品店工作的人吗？”

我说：“没错，是我。”

接着他说：“您还记得有个家伙走了进来，偷了一些东西，然后您沿着商场一直追他吗？”

“记得，”我说，“那个家伙我记得清楚着呢！”

接着他说：“老兄，您跑得可真够快的。”

“你的意思是？”

他说：“十年前那个偷东西的人就是我。”

我说：“你开玩笑吧？”

然后他说：“我记不清你那天对我说了什么，我只记得你的话彻底改变了我的一生。转天我就出去投了一份简历，找到了一份工作。”

我们再次相见的那一天，他已经是我和家人正在逛的那家百货商店的副经理了。十年前的那一天彻底改变了他的生活。

当你读到故事的第二个版本，当我向你展示这个故事时，你是否觉得你与故事中那个不可能的年轻人建立了联系？

我们一起来看看讲述和展示的区别。在第二个版本中，我详细介绍了我处的位置，我做的事情，我看到的事情以及我的感受。我用了对话的方式，这样你可以听到我们说话。我跟随了英雄的经历，见证了他的转变。起初他看起来鬼鬼祟祟，从商店里偷东西，他经历了一场危机（霍巴特的追逐）。然后他遇到了一位帮助他的导师，在故事的结尾，他变成了另外一个人。整个过程中，你可以分享他的故事，因为我展示给了你，我是个故事展示者。

视觉上的故事展示

我们可以用文字展示故事，也可以通过照片、图片或视频来展示故事。在销售和营销领域，我们使用视觉表现来展示我们的价值，以吸引人们的注意力。例如，当我们访问网站时，我们首先看到的是图像，无论是静态的还是视频。它们引导着信息，之后才是文字；那些图像不仅仅是为了说明我们读到的内容，它们是为了展示这个故事。

美国加利福尼亚州麦格拉斯 / 鲍尔公共关系与通信公司的在线服务主管罗里·沙夫说："有视觉效果的帖子比没有视觉效果的帖子的页面访问次数和参与次数多 94%。"现在，当我们访问 Facebook 帖子或网站时，我们首先寻找视频，我们期待能看到视频。

如果我们希望人们将注意力集中在我们的信息、产品或服务上，我们必须将他们从正在做的事情中抽离出去，并展示一个能让他们停下来看的图像。我们需要在他们平常的生活中掀起一点儿波澜，以使我们的产品从市场上所有的噪声中脱颖而出。快速而清晰地做到这一点的最好方法是使用图像。根据《让大脑自由》一书的作者约翰·梅迪纳博士的说法："视觉胜过我们所有其他感官。"这并不奇怪，因为视觉皮层是人脑中最大的系统，占据了大脑的一半资源。梅迪纳博士解释说："听到一条信息，三天后你会记得10%。如果再加一个图片，你将记得65%。"

丹·格雷戈里是不可能研究所的联合创始人兼首席执行官，也是一位广告业的故事展示者。我和他讨论了图像如何成功地以直接的方式展示故事、分享信息，这种方式比文字更明确，也更容易理解。视觉叙事最成功的例子之一是你在飞机座位口袋中找到的安全程序卡。正如丹解释的那样，他们用简单的漫画风格的图像来展示在紧急情况下该做什么。飞机上的每个人，包括不会说这种语言的人，都应该能够遵循这些指示，这就是图像在这种情况下要胜过语言的原因。还是关于飞行的问题，丹和我继续讨论飞机上的安全演示视频是如何改讲述为展示的。

丹说：利用视觉故事，新西兰航空将飞行中最无聊的部分变成公司最大的商业资产——机上安全演示视频。他们将客户体验中的薄弱环节进行了优化，并使其变得非凡。新西兰航空公司聘请了新西兰国家橄榄球队全黑队、著名健身教练理查德·西蒙斯以及电影《霍比特人》中的部分演员在其安全演示视频中出镜。他们将飞行中平凡而又敷衍的部分变成一个了不起的故事，并且是值得分享的故事。这确实是我们应该努力去做的。你需要确保你的故事具有传递能力。在社交媒体时代，传递能力非常重要。要做到这一点，你可以让你的故事充满乐趣、充满诱惑且引人关注。

你沟通中的每个元素都应该展示你的故事。大多数的商业网站都有一个标签，上面写着“关于我们”或“我们的故事”。当我们打开这些页面时，我们可以看到文本栏传递给我们的信息。即便这样的页面也可以传递你的故事：用故事展示信息，并包含一些图片，可以是夫妻团队创业时的照片，也可以是第一家工厂或第一批产品线的照片。通过这种方式，你可以形成并强化这样一种印象，那就是这个产品和这些人真的是有故事的。

在整个沟通过程中展示你的故事。清楚地了解你的信息以及希望故事传达的内容，无论是通过图像、文字还是组合的方式。更重要的是，请记住，即使它是你自己的故事，也只有你为你的受众进行了再创造之后，才能够成功地进行分享。丹·格雷戈里从他自身的经历出发谈到这一点。

我们在沟通中常犯的一个错误是，我们常常专注于自己的信息，以至会忘记其实接收者才是最重要的。事实是要有接收者，我们创建的信息才有意义。

我们花了太多的时间进行逆向沟通。当我与销售人员或营销人员交谈时，我总是说销售在于前景，而不在于产品。不要总是说你，不要总是说你的产品，不要总是说产品的功能和好处，要让客户加入沟通中。

要经常问自己："这个故事会给我的受众带来什么价值？能为他们缓解什么压力？故事是否清晰？是否引人注目？"

视觉故事展示是强大的，因为它捕捉到我们旅程的精髓，并且可以传递。当时间至关重要时，我们不可能总是有空去阅读一个两页长的博客，但是我们只需看一眼图片就会被吸引。图像很清晰且令人着迷，这就是图像对于如今的故事展示至关重要的原因。

情感购买与故事展示

我们可以使用文字、图片和视频向客户展示我们的故事，此外，我们还有另外一种方式：在他们购买之前给他们一种体验。

我想很少有人仅仅因为觉得什么东西有道理就去买它吧。我注意到，人们在直觉与决策有关时才会购买，这一点也得到科学的支持。彼得·诺艾尔·莫里博士写道："功能性磁共振神经影像显示，在评估品牌时，消费者主要使用情感（个人感受和体验）而不是信息（品牌属性、特征和事实）。"

充分展示你所提供的信息

在我的业务范围内，我可以告诉人们他们进行购买所需知道的一切。我可以呈现信息，试图说服潜在客户他们应该购买这项服务或培训。我甚至可以尝试激励他们，并告诉他们如何改变自己的生活。但是只有当我展示给他们看，并且给他们机会亲眼看到时，我才会真正售出产品。这就是为什么我们邀请潜在的客户参加免费的现场活动，以便他们可以体验我们为他们提供的服务。

老派的销售技巧是给人们一本小册子，给他们展示一个网站，或是做一个销售演示，并告诉他们我们是谁，我们卖什么。现在我们已经告诉了你，你可以买我们的产品了。新的销售方式是展示：首先赋予其价值，让客户放心拿出钱包购买。在今天的销售和营销领域，很难要求人们仅仅通过被告知就花钱。如今进行销售的方法是展示你的产品，展示它的工作原理以及它如何缓解客户的问题。我们首先提供价值，为我们的客户服务，然后才会要求他们购买。我们展示了我们的工作内容以及工作方式，并让人们进行亲身体验。

如果你是企业家或创业者，你必须找到一种方法来展示你可以为潜在客户做些什么。提供免费的东西，如“铅磁铁”，然后展示它如何与你销售的产品系列中的其他事物融合在一起。发放免费试用，并展示它的工作原理。

历史悠久的企业拥有众多知名品牌，人们了解这些品牌所提供的内容。许多大公司和产品家喻户晓的老牌公司都有很高的认可度和信任度。因此，你可能以为他们有不必参与“展示而非告知”的想法。但是，在我们购买之前，所有企业都需要提供一些免费的东西。有些人称之为“先试后买”，我称之为集成产品漏斗（IPF）。苹果公司在这方面就做得非常出色：它免费为你提供iTunes（数字媒体播放应用程序），这样你就会购买iPod（苹果播放器）；你喜欢iPod，所以决定买一个iPad（平板电脑）；然后你又决定你需要买一个苹果手表，不知不觉中你就拥有了苹果的全套产品，接下来你又要开始升级。这就是苹果公司的集成产品漏斗：先免费提供一些东西，吸引客户上钩，然后让他们购买全套产品。

汽车经销商在这方面也做得很好。你可以在周末时租一辆车，如果喜欢的话，你就购买；如果不喜欢，就送回去。销售人员会告诉你这辆车有多好，但只是告诉是没用的，直到你坐在驾驶座上，闻到车内装潢的味道，亲自开车上路，你才能知道它到底有多好。

我女儿问我可不可以去试驾特斯拉。是的，我通过其营销活动已经听说过不少关于这辆车的事情了。但是直到他们给我展示这辆车，直到我坐在方向盘后面，直到我有机会开它，我才真正爱上它，它将是我要买的下一辆车。只是因为我坐在了驾驶座上并把它开了出去，我真正看到了这辆车所能提供的东西。

企业，无论是初创企业，还是熟悉的老牌公司，都需要首先为用户提供体验。让他们看看你的产品或服务是如何操作的。首先给予价值，然后让它自己一展身手，让你的客户去体验它。那个时候，也只有那个时候，他们才会倾向于拿出钱包来购买。此外，通过邀请他们进入体验，你可以让你的客户成为故事展示者。

分享故事

口口相传的口碑推荐在销售和营销中也很重要。不是销售人员或公关人员告诉我们要买什么、要看什么或要做什么，你的客户，也可以是故事的展示者。

我们倾向于倾听我们信任的人的意见。当我们认识或尊重的人说："我给你看看这个服务或这些人如何改变了我的生活"时，我们会格外关注。我们会倾听他们分享的故事。他们作为故事展示者的力量是强大的，成功的企业都了解这一点。社交媒体使我们每个人都成为商品或服务的销售人员或评论人员。对帖子的"喜欢""分享"或"批评"都是故事的一部分，现在每个人都很容易加入某个产品的故事展示者社区。

***

故事为你的信息代言，它们是你产品或服务的人性化方面的体现。如果你希望其他人与你在故事中所说的内容产生联系，不要仅仅只是告知他们，不要拒他们于千里之外，要带他们进入你的故事，并向他们展示你学到或经历过的东西，以及你可以提供给他们的东西。反过来，他们也会展示给别人看，这样你的行动效果就会增长，你的产品将会畅销，你的信息也会被更多人听到并被持续分享。

结语

讲故事如何帮助了我

首先你要意识到你确实有一个值得展示的故事，一个可以给别人带来价值的故事。其次，你要学习如何很好地展示它。最后，你要知道你能够也将帮助别人把生活变得更加美好。

我希望通过与你分享一个非常个人的经历来结束本书。在我成立演讲者研究所之后不久，我们开始在经济上陷入困境。当其他企业家说他们很难维持收支平衡时，我开始明白他们的意思了。那就是我们的感受——我们快要倒闭了，我已经打算关门了——所有这些都是因为现金流问题，这也是许多企业都经历过的问题。

我睿智的导师和教练都鼓励我继续前进，坚持下去，努力推进，即便这看起来不太可能。这时的一个关键人物名叫理查德，他告诉了我合伙企业和附属公司的重要性。他跟我讲了很多，我听起来觉得很有道理，但是我无法真正理解他说的话。他是在告知我，尽管我也尽力试图去理解，但是我看不出该如何将他的建议应用到我的业务之中。

后来，一个名叫斯图亚特的人向我展示了伙伴关系和从属关系是如何运作的。他给我机会，让我在他公司举行的会议中到舞台上发言。这是第一次有人邀请我到他们的舞台上讲我的产品和计划。感谢斯图亚特的邀请，我可以亲眼看到并亲身体验合作伙伴关系和联盟的运作方式，这对于作为商人的我以及演讲者研究所的成功而言是最了不起的变革。在那之后的六个月内，我的经营状况彻底改变了。我们开始按时支付账单，并开始盈利。通过向我展示如何将合作伙伴关系和附属关系付诸行动，斯图亚特帮助我了解到他们如何拯救我的业务并使其成功。这完全改变了演讲者研究所的命运，让我们现在处于领先地位。我很高兴我经历了那段困难时期，因为从困境中走出来让我对如何建立自己的事业有了新的看法。

我很感激理查德，因为是他告知了我，在我脑海里埋下了种子。他做出了第一步，告诉我，“嘿，山姆，我想告诉你合伙关系和附属关系是如何运作的”。如果不是他事先告诉我，我想我可能不会那么容易接受斯图亚特向我的展示。

对于斯图亚特，我将永远心存感激，感激他跳了进来，感谢他给我机会让我亲身体验理查德告诉我的事情。斯图亚特通过邀请我在他的会议上作为合作伙伴发言，向我展示了附属关系和合作伙伴关系的工作方式。

在第七章，我们讨论了从故事讲述到故事展示的进展过程，然后在理查德和斯图亚特的帮助下，我从实践层面亲自见证了这个过程。

理查德告知了我。斯图亚特向我做了展示。

我收到他们传递的信息，理解并投入行动。从讲述到展示的转变过程拯救了我的业务。

首先你要意识到你确实有一个值得展示的故事，一个可以给别人带来价值的故事。其次，你要学习如何很好地展示它。最后，你要知道你能够也将帮助别人把生活变得更加美好。

当你从一个普通的故事讲述者成为一名优秀的故事讲述者，再到一名卓越的杰出的故事展示者，可以帮助人们改变他们的思维方式，超越他们的日常体验，实现他们的最大目标时，你在这条发展道路上的潜力就得到了开发。

我相信你，但是和我一样，你不必独自一人去做这些。

为故事展示振臂一呼

在这次经历中，我们发现了进行强有力分享的方法，那就是通过展示进行分享，不论是分享我们自己的故事，还是产品的故事，抑或公司理念的故事。现在，你已经准备好在舞台上、在演示文稿或在写作中分享你的故事了吗？

要在任何领域中发展自己的技能，特别是作为出色的故事展示者，寻求反馈至关重要。这种反馈不是来自家人或朋友，因为他们往往会告诉你你很棒。这种反馈应该来自为你投资的成功的专业人士，他们愿意指出你的优势和弱点，以助你取得进步。专业人士了解你想要达到的市场，理解你所处市场中人们的痛点和问题，同时也了解那些非言语的意义和具备展示的技能。

要想将你作为故事展示者的技能提升到一个新的水平，你可以应用本书中的建议和策略，开发并完善你的故事。

我之所以创立演讲者研究所，就是为了给予像你一样的人一个机会，在专家面前发言、分享自己的故事，从而培养自信、技能和专业知识。在此期间，专家们会提供专业的反馈。如此往复，从而一遍又一遍地完善你的故事和表达方法。此外，在演讲者研究所，我们会举办现场活动，以便我们的演讲者向同行以及已经达到演讲行业精英水平的专业人士学习。我们在世界各地举办训练营和现场活动，教会人们如何成功分享他们的故事，因为我们相信每个人的故事都很重要，每个人的故事对他们而言都是独一无二的，是他们自己价值主张中最强大的部分。

在我们演讲者研究所的训练营中，我们帮助演讲者打破他们可能拥有的任何限制性信念，这样他们就可以自信地站起来并被倾听。在我们的课程中，我们教授故事讲述和故事展示的方法，涵盖从内容构建到最具吸引力的表达方式等方方面面。我们为每个人提供了许多在舞台上发言的机会，这些发言可以从专家和同行那里获得反馈。我们向每个人展示如何拥抱他们的核心优势，以便强有力地展示故事，取得想要的结果。

我们还提供一项为期 12 个月的项目，一步一步带你从最初你认为“我不够好”“我不值得”开始，一直到你走上舞台，作为专业演讲者发表你的第一个主题演讲。我之所以成立演讲者研究所，是因为我希望其他人能拥有我的经验，在 36 个国家数百万人的舞台上发言，改变他人有时甚至是挽救他人的生命。

如果你不住在我们工作的那些城市，我建议你联系一个对你的市场有着透彻了解的导师或教练。他应该是你所在领域的专家，了解你想通过分享你的故事去实现的目标，并且帮助你实现那个目标。或者，你也可以找到其他演讲培训组织，并寻求如何在演示文稿或舞台上使用故事的反馈。在磨炼提升自己技能的同时，你还要做一些研究和尽职调查，以找到最适合与你合作的人。

一旦找到合适的教练、导师或是培训机构，你必须乐于接受反馈。赞美是可爱的，但是赞美并不会推动你前进。反馈往往难以接受，尤其是当它是一种批评或听起来是负面评价的时候，或是“还不错，不过还可以做得更好”之类的。即使是积极的反馈也会让你感到压力，因为你会想知道，“如果我今天表现不错，那么我怎么能确定我明天也能表现得很好呢”？

将自己与听众的反馈撇清，因为反馈并不是针对你本人的，而是针对你的故事的质量、故事的表达以及受众对故事的接受程度而言的。

你必须放下你的自我、缺乏自信或过度自信，并虚心采纳反馈意见。如果你不理解，可以让你的导师解释得更清楚一些。如果你不同意，请说明原因，并乐于向你的导师或教练学习如何帮助你改进。

我们所有人学习和培训的最佳方式都是虚怀若谷，并寻求一位关心我们的兴趣、了解我们的主题领域和目标受众的专家的建议。

现在，该轮到你进行展示了……

致 谢

首先，我要感谢伯纳黛特·弗利，感谢她非凡的才华，让本书得以成型。感谢威利出版社的露西·雷蒙德一直以来的全力支持，让该书得以问世。感谢桑德拉·鲍洛尼周密而细致的编辑。感谢朱迪·斯皮特里·杰姆斯给予我的各种建议，并不断激励我成为一名更棒的教练。

感谢德鲁·沃德、尼克·哈丁、马特·巴斯比·安德鲁斯、丹尼尔·弗林、丹·格雷戈里、玛丽琳·霍洛维茨、艾伦·帕尔默、南希·杜阿尔特、约翰·伍德、西蒙·斯涅克、理查德·图图尼、斯图亚特·扎德尔。此外，感谢我最伟大的灵感来源，此生所爱——凯特·考索恩。

参考文献

第一章

Jeeva Raghunath, Indian storyteller, speaking at the Powellswood Storytelling Festival, Washington, 2013.

Drew Wade interview with Sam Cawthorn, February 2017.

Sheryl Sandberg and Pat Mitchell, 'So we leaned in … now what?' TEDWomen, December 2013. Retrieved from www.ted.com/talks/sheryl_sandberg_so_we_leaned_in_now_what.

Robert McKee, author of *Story: Substance, Structure, Style and the Principles of Screenwriting*, talking about persuasion. Retrieved from www.presentationzen.com/presentationzen/2012/06/persuasion-through-storytelling-trumps-data-dumps-every-time.html.

Paul J Zak, 'Why Your Brain Loves Good Storytelling', *Harvard Business Review*, 28 October 2014.

'The neural changes …': Gregory S Berns, Kristina Blaine, Michael J Prietula and Brandon E Pye, 'Short and Long-term Effects of a Novel on Connectivity in the Brain', *Brain Connectivity*, vol. 3, no. 6, 2013.

第二章

Robert J Shiller, Sterling Professor of Economics and Professor of Finance, Cowles Foundation, Yale University, 'Narrative

Economics', *Cowles Foundation Discussion Paper* no. 2069, Cowles Foundation for Research in Economics, Yale University, 7 January 2017, p. 2.

Brendan Markey-Towler, Industry Research Fellow, Australian Institute for Business and Economics and School of Economics, The University of Queensland, 'How Storytelling drives finance and economics', *The Conversation*, 3 February 2017.

Matt Busby Andrews interview with Sam Cawthorn, March 2017. Matt Busby Andrews runs SUJET, a narrative consultancy based in Sydney.

For more about 'What was' and 'What could be' see the work of Nancy Duarte, including her TED talk, 'The secret structure of great talks', November 2011. Retrieved from: www.ted.com/talks/nancy_duarte_the_secret_structure_of_great_talks.

第三章

Elizabeth Churchill, 'Metaphor and stories in product management', talk at the Mind the Product Conference, London, October 2016. Retrieved from www.mindtheproduct.com/2016/10/metaphor-stories-product-management.

'The prison of time' is a metaphor from Vladimir Nabokov's memoir *Speak Memory*, Victor Gollancz, UK, 1961.

Martha Wainwright, panel guest on *Q&A*, ABC TV, 13 March 2017.

Richard Branson, 'Why entrepreneurs are storytellers', 9 February 2016. Retrieved from www.virgin.com/richard-branson/why-entrepreneurs-are-storytellers.

第六章

Jerry Weissman, 'When Presenting Remember to Pause', *Harvard Business Review,* 1 February 2012.

Cheng, Joey T; Tracy, Jessica L; Ho, Simon; Henrich, Joseph, 'Listen, follow me: Dynamic vocal signals of dominance predict emergent social rank in humans', *Journal of Experimental Psychology: General*, vol. 145(5), May 2016, pp. 536–47.

Lucille Schutmaat-Rubin, PhD, 'Breathe and speak with ease professionally', article at https://voicefoundation.org, 2017. The Voice Foundation is the world's oldest and leading organisation dedicated to voice research, medicine, science and education.

Allan Pease, co-author with Barbara Pease of *The Definitive Book of Body Language*, Pease International, 2006. Retrieved from www.peaseinternational.com/how-to-give-powerful-presentations.

第八章

Microsoft Canada, *Consumer Insights*, Spring 2015.

第九章

Alison Sanders quoted in Mindi Chahal, 'Cadbury and McDonald's follow the tech giant, supermarkets are falling in the ranks while UKIP and charities are rising up', *Marketing Week*, marketingweek.com, 9 July 2014.

John Wood, *Leaving Microsoft to Change the World*, HarperCollins, New York, 2006, p. 196.

Harvey Deutschendorf, 'The Simple Science to Good Storytelling', *Fast Company Magazine*, 21 February 2014, www.fastcompany.com.

Deborah A Small, George Loewenstein and Paul Slovic, 'Sympathy and Callousness: The impact of deliberate thought on donations to identifiable and statistical victims', *Organizational Behavior and Human Decision Processes*, vol. 102, 2007, pp. 143–53.

Thankyou: www.thankyou.co.

第十章

Rory Schaff, Online Services Supervisor at McGrath/Power Public Relations & Communications, 'From Storytelling to Storyshowing: A necessary transformation in B2B Tech', *McGrath/Power*, 8 January 2015.

Dr John Medina, *Brain Rules: 12 Principles for Surviving and Thriving at Work, Home, and School,* Pear Press, Seattle, USA, 2009.

'The visual cortex is the largest system': Pat Heffernan, 'Changing Minds: The science behind visual storytelling', *Change Conversations*, 18 August 2014.

Dan Gregory interview with Sam Cawthorn, April 2017.

Peter Noel Murray PhD, 'How emotions influence what we buy: The emotional core of consumer decision-making', *Psychology Today*, 26 February 2013. Retrieved from www.psychologytoday.com/blog/inside-the-consumer-mind/201302/how-emotions-influence-what-we-buy.